毛糸のがまぐち

かぎ針で編む　口金を使ったバッグ、ポーチ、小物入れ

能勢マユミ

誠文堂新光社

CONTENTS

01〜03
基本のがまぐち
P.6
how to make P.50、72、73

04〜06
がまぐちの
マトリョーシカ
P.8
how to make P.74

07〜09
配色自慢の
がまぐち
P.10
how to make P.76、77

10
バイカラーの
クラッチバック
P.12
how to make P.78

11
ダイヤ模様の
ショルダーバッグ
P.13
how to make P.79

12
パプコーン編みの
バッグ
P.14
how to make P.80

13、14
眼鏡ケース
P.18
how to make P.81

15〜17
千鳥格子の
カードケース
P.20
how to make P.82

18、19
メンズがまぐち
P.22
how to make P.83

20
ヘリンボーン風
モバイルケース
P.23
how to make P.84

21〜23
同じ口金を使った
がまぐち
P.24
how to make P.85〜87

24、25
L字口金の
道具入れ
P.25
how to make P.88、89

かなりちいさな
がまぐち
P.32
how to make P.103

26
斜め模様の
赤いバッグ
P.26
how to make　P.90

27
アラン模様の
クラッチバッグ
P.28
how to make　P.91

28
斜め模様の
グレーバッグ
P.30
how to make　P.92

29
格子模様の
クラッチバッグ
P.34
how to make　P.93

30、31
木製口金の
クラッチバッグ
P.35
how to make　P.55、94

32
ベンリー口金の
ハンドバッグ
P.36
how to make　P.95

33
ワッフル
ショルダーバッグ
P.37
how to make　P.96

34
ファー使いの
ポシェット
P.40
how to make　P.97

35
アニマル柄の
ショルダーバッグ
P.41
how to make　P.98

36
四角い底の
化粧ポーチ
P.42
how to make　P.99

37
プラ口金の
ボーダーバッグ
P.44
how to make　P.101

38
凸凹編みの
ブラックポーチ
P.45
how to make　P.102

P.38　かぎ針で編む模様編み①	**P.60**　かぎ針で編む模様編み②
P.46　材料と用具	**P.62**　いろいろな口金のつけ方
	P.64　中袋について
P.50　基本のがまぐちの作り方	
P.55　木製口金のクラッチバッグの作り方	**P.65**　how to make

口金と毛糸があれば

がまぐちは、口金のサイズしだいで
小物入れからクラッチバッグまでどんな形にもなります。
アンティークゴールド色の口金や木製の口金は、毛糸との相性も抜群。
いつものニットに、カジュアルでありながら
どこかクラシックな新しい表情を加えてくれます。
かぎ針編みでできる模様編みもたくさんご用意しました。
バリエーション豊かな口金と毛糸の組み合わせで、
がまぐち作りをお楽しみください。

01は手のひらにのるほどよい大きさ。
パチンとあけてパチンとしめて。

02

01〜03
基本のがまぐち

作りたい大きさになるまで
こま編みまたは長編みで
ぐるぐると編むだけ。
01は作り目から口金のつけ方まで
詳しい解説があります。
how to make >> P.50、72、73

バッグ in ポーチ in ミニポーチ。
収納は重ねてどうぞ。

04〜06
がまぐちのマトリョーシカ

チェーンをつければパーティーの装いにもコーディネートできます。
もしゃもしゃした飾りはどこか有機的な華やかさ。
how to make >> P.74

07〜09
配色自慢のがまぐち

編み方はP.6の基本のがまぐちとほぼ同じ。
糸を変えるだけで、できあがりの印象がガラリと変わります。
how to make >> P.76、77

09

10
バイカラーのクラッチバッグ

スマートなバネ口金はクラッチバッグにぴったり。
立体感のある模様編みもかぎ針で編むことができます。
how to make >> P.78

11
ダイヤ模様の
ショルダーバッグ

P.12と同様の
バネ口金を使っています。
グレー×ネイビーでシックに、
持ち手をつけてより使いやすい
形に仕上げました。
how to make >> P.79

12
パプコーン編みのバッグ

大きな凸凹が美しいパプコーン編み。
アルパカ入りの毛糸を贅沢に使って。
how to make >> P.80
パプコーン編みの編み方 >> P.61

バネ口金はパカッと大きく開きます。口金通しを作ってから口金を押し込むので、取りつけが簡単です。口が六角形に開いた右のバッグはP.13のショルダーバッグ。パプコーン編みのバッグは容量たっぷり。
口金のつけ方 >> P.63（下）

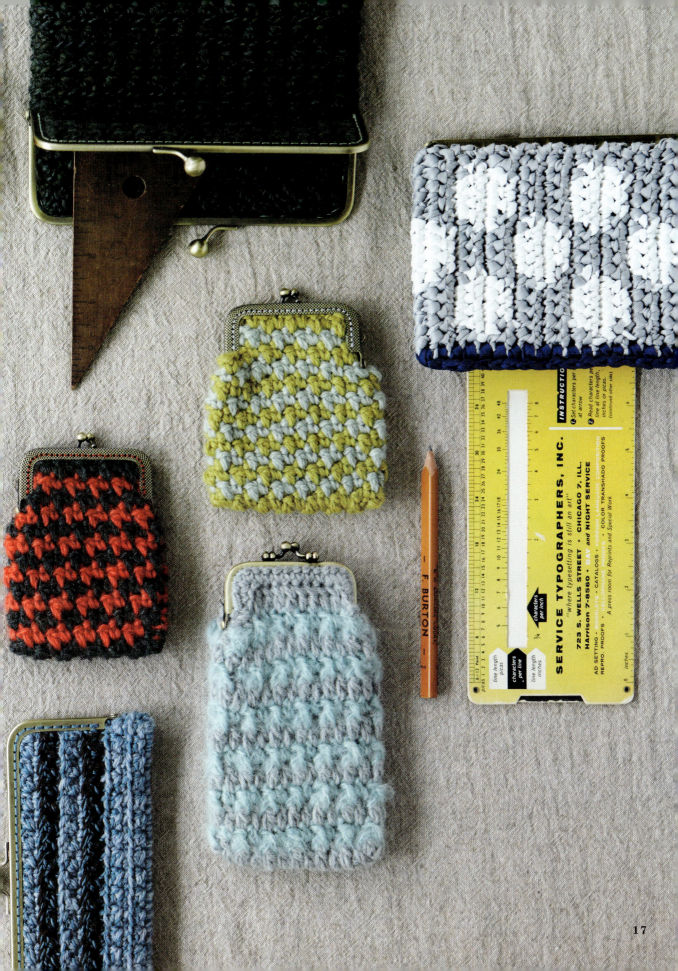

13、14
眼鏡ケース

ウールとコットン糸を引きそろえて、
しっかりとした編み地にしました。
ペンケースにもちょうどよいサイズです。
how to make >> P.81
ヘリンボーン風模様の編み方 >> P.61

15

15 〜 17
千鳥格子のカードケース

一見難しそうに見える千鳥格子、
じつは細編みと長編みの組み合わせでできています。
自由な配色を楽しんで。
how to make >> P.82
千鳥格子の編み方 >> P.60

18、19
メンズがまぐち

アンティークゴールドの口金は
メンズファッションとも好相性。
ツイード調の毛糸で冬らしく。
how to make >> P.83
アラン模様の編み方 >> P.60

20 ヘリンボーン風モバイルケース

同系色2色を引きそろえて
地模様を主役に。
厚みのあるしっかりとした編み地が
さまざまなツールを守ってくれます。
how to make >> P.84
ヘリンボーン風模様の編み仕方 >> P.61

21〜23
同じ口金を使ったがまぐち

口金は同じでも、
長さと編み方を変えると
見た目も使い道もこんなに変わります。
長いがまぐちには定規や編み棒を、
短いがまぐちにはリップクリームや
アメを入れて。
how to make >> P.85~87

21

22

23

24

25

内側に合皮やフェルトを貼ると、ハサミや細かいクリップなどを入れても安心。中袋を作るより簡単です。

24、25
L字口金の道具入れ

がまぐちの特徴であるげんこ玉(留め具部分)が
角についたL字口金を使用。
大きく開閉するから出し入れの多い道具の収納にぴったりです。
モバイルケースにも。
how to make >> P.88、89

26
斜め模様の赤いバッグ

口金は持ち手の中に隠れています。
お出掛けのお供に元気な赤はいかが？
how to make >> P.90
斜め模様の編み方 >> P.71

27
アラン模様のクラッチバッグ
2本取りの毛糸を太いあみ棒でざくざく編みます。
棒編みでおなじみのアラン模様をかぎ針で再現しました。
how to make >> P.91

編み包まれてる口金はニューム口金。
大きくガバッと開きます。
ざっくりした編み目が気になるときは
中袋を付けましょう。
中袋について >> P.64

28
斜め模様のグレーバッグ

ほんのりブルーがかったグレーで大人っぽく。
模様の編み方と持ち手のくるみ方は、
P.26の赤いバッグと同じです。
how to make >> P.92
斜め模様の編み方 >> P.71

二つのバッグはどちらにも
ニューム口金が使われています。
素材がアルミ"ニューム"だから軽く、
バネの力でしっかり閉まります。

かなりちいさながまぐち

口金の幅は4cm！ブローチやペンダントヘッドにも。P103で一部作り方を紹介しています。

29
格子模様のクラッチバッグ

鮮やかな黄色は冬の差し色にぴったり。
木製口金は見た目よりも簡単につけられて安定感抜群。
how to make >> P.93
格子模様とリブ模様の編み方 >> P.57、58

30

31

30、31
木製口金の
クラッチバッグ

P.34のバッグとほぼ同じ編み方で、
サイズは少々小振りに。
素朴な質感のウールジュートの糸は、
硬さがあるので形がきれいに出ます。
30は作り目から口金のつけ方まで
詳しい作り方解説あり。
how to make >> P.55、94
格子模様とリブ模様の編み方 >> P.57、58

32
ベンリー口金のハンドバッグ

口金通しを作ってから、棒をさし入れることができる口金だから、取り付けが簡単。
レディーな装いに。
how to make >> P.95

33
ワッフル ショルダーバッグ

アンティークゴールドの口金と
革の肩ひもを合わせた大人のピンク使い。
肩にかけて颯爽と歩きましょう。
how to make >> P.96

かぎ針で編む模様編み ①

難しそうな模様編みですが、どれも単純な編み方の組み合わせでできています。
マスターすればかぎ針編みの幅が広がります。

格子模様＝表引き上げ編み＋裏引き上げ編み
編み方 >> P.57

フリンジ＝鎖編み＋引き抜き編み
編み方 >> P.74

パプコーン編み＝長編み＋引き抜き編み
編み方 >> P.61

アラン模様＝表引き上げ編み＋長編み
編み方 >> P.60
※写真はアラン模様の応用です。

斜め模様＝表引き上げ編み＋裏引き上げ編み

編み方 >> P.71

千鳥格子＝こま編み＋長編み

編み方 >> P.60

ヘリンボーン風模様＝こま編み＋長編み

編み方 >> P.61

ストライプ＝長編み＋こま編み

編み方 >> P.86

34
ファー使いのポシェット

フェイクファーとアルパカ入りの毛糸でふんわりと、
木製のげんこ玉(留め具部分)でよりナチュラルに。
きれいなブルーの中袋がついています。
how to make >> P.97
中袋について >> P.64

35
アニマル柄のショルダーバッグ

ミンクのような手触りのフェイクファーで
アニマル柄を編みました。
持ち手についたげんこ玉（留め具部分）も
豹柄のキューブ型。
how to make >> P.98

36
四角い底の化粧ポーチ
安定感のある底に大きく開く口は
コスメ類の出し入れにぴったり。
ウールに細いラメ糸を添えると
編み地がほんのり華やかになります。
how to make >> P.99

アクセントカラーが楽しい
中袋は、細めの糸で編みました。
中袋について >> P.64

37
プラ口金のボーダーバッグ

カラフルさが人気のプラスチック口金は、
ナチュラルカラーも豊富。
絶妙な色合いで毛糸に馴染みます。
how to make >> P.101

38
凸凹編みのブラックポーチ

P.12と同じ模様編みの裏面を活用。
ツイード調の糸であたたかみのある
黒に仕上げました。
how to make >> P.102

材料と用具

口金

「がまぐち」とは口金のついた袋物のこと。
名前通りガマガエルを連想させるオーソドックスな口金だけでなく、
取りつけが簡単でユニークな口金もたくさんあります。
※これらの口金は、本書で使用した口金の一部です。品番は作り方ページにてご確認ください。

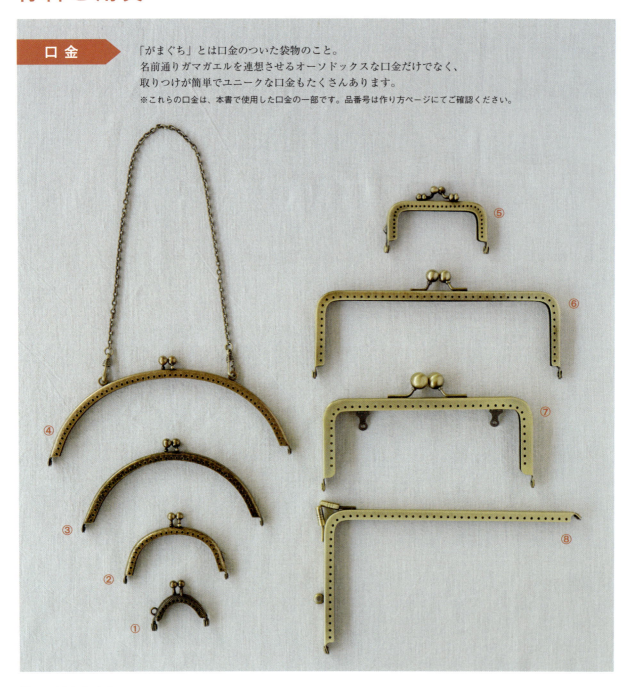

縫いつけるタイプ
この本では、縫いつけタイプの口金を主に使用しています。
色はゴールドやシルバーなど様々なメッキが選べますが、毛糸と合わせるなら落ち着いたアンティークゴールドがおすすめ。

①〜④丸形・くし形口金
丸形は伸び縮みする編み地とつじつまを合わせやすい相性のよい形。くし形は、つげ櫛のような丸みを帯びた口金。つけやすさは丸形と変わりません。片カンつきの口金にはチェーンや根付けを、両カンつきの口金には持ち手をつけて楽しめます。
▶使用作品① P.32 ②③ P. 6、10 ④ P.8 ／つけ方 P.54

⑤〜⑦角形口金
角をきれいに仕上げるため、丸形よりも本体を口金に合わせて編むことが必要です。縫いつけ方は丸形と同様。高さのある口金は、口が大きく開いて出し入れがしやすい仕上がりに。
▶使用作品⑤ P.22、24 ⑥ P.18、23 ⑦ P.42

⑧L字口金
口が大きく三角形に開きます。開かない二辺のおかげでスマートに扱うことができます。▶使用作品 P.25

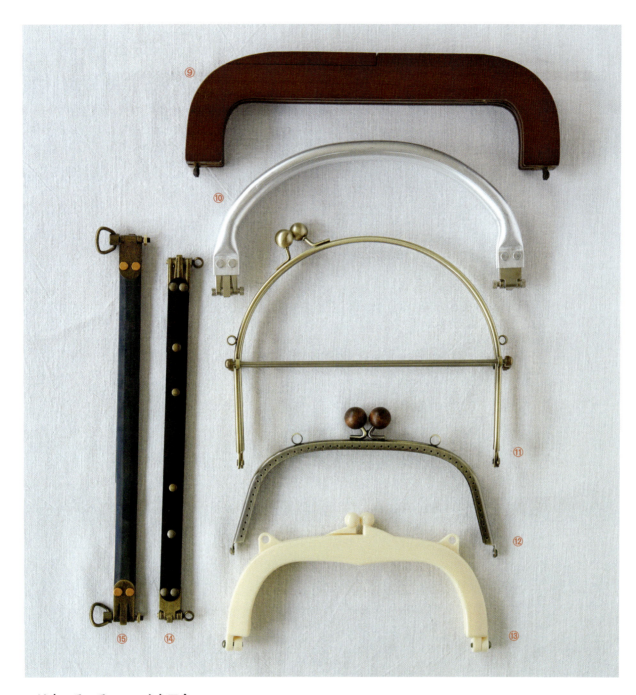

つけ方いろいろユニークな口金

⑨木製口金
本体を口金ではさみつけます。ねじでしっかり留められます。
▶使用作品 P.35／つけ方 P.59

⑩ニューム口金
編み包んだり、ネジを外して口金の通し口に差し込むことができます。
アルミ製の軽さもポイント。▶使用作品 P.26〜31／つけ方 P.63

⑪ベンリー口金
横棒が取り外しでき、本体に口金通しを作ってさし込みます。
▶使用作品 P.36／つけ方 P.63

⑫木製げんこ玉つき口金
P.46と同じ縫いつけタイプですが、木製のげんこ玉(留め具部分)でよりナチュラルな雰囲気に。▶使用作品 P.40

⑬プラスチック口金
本体を口金ではさみます。軽くて色が豊富。
▶使用作品 P.44／つけ方 P.62

⑭⑮バネ口金
口金通しを作って口金をさし込みます。⑭は六角形に、⑮は四角形に口が開きます。▶使用作品 P.12、13／つけ方 P.63

糸

この本で使用した糸の一部を紹介します。
がまぐちのイメージや本体や中袋など作りたいパーツに合わせて適した糸を選びましょう。

表情豊かな秋冬糸
1種類でも雰囲気のある仕上がりになる工夫がいっぱい。がまぐち本体におすすめです。

①ボリューム感のあるアルパカを染めた糸
②タム糸をより合わせた手つむぎ風の軽い糸
③同系色に染めたウール糸を重ねた糸
④ウール100％のふわふわな糸
⑤単色と2色撚りの糸を組み合わせたウール糸
⑥ネップ入りウール糸
⑦ところどころにポンポンが浮き出るウール糸
⑧光沢のあるウールモヘヤの糸
⑨きめ細やかなメリノウールの糸(極太)

中袋に適した細めの糸
細めの糸で中袋を編むと、小さなものでも安心して収納できます。

⑩撚りの軽いコットン糸※
⑪きめ細やかなメリノウールの糸(合太)
⑫きめ細やかなメリノウールの糸(並太)
⑬アルパカとメリノウールを合わせた軽い糸

口金に挟み込む部分や引きそろえに適した糸
口金に挟み込む部分だけ細い糸で編むとしっかり押し込めます。ウール糸と引きそろえると丈夫に。ラメ糸だと華やかに。

⑭コットンの夏糸※
⑮光沢のあるリネン糸※
⑯ラメ箔を合わせた丈夫なレース糸

口金を縫いつけるための糸
2本取りでひと針ひと針縫いつけましょう。色は本体に近いものを。

⑰毛羽が少なく光沢があるレース糸

ユニークなテクスチャーの糸
見た目だけでなく手触りも個性的。硬めの糸はバッグの形がきれいに出せます。

⑱ウールとジュートを組み合わせた糸※
⑲カラフルな色目の織テープ※
⑳毛足が長いフェイクファー

＊材料提供：横田株式会社（DARUMA）　※印はサマーヤーン(夏糸)です。①〜⑳の製品名はP.71参照

口金をつける

①**布用両面テープ**…本体を口金に押し込むとき、本体の口部分に貼ると、しっかり固定できます。
②**マスキングテープ**…口金を本体の口金通しに差し込むとき、先端に巻いて編み目にひっかかることを防ぎます。
③**マイナスドライバー**…口金に本体を押し込むときに使います。目打ちよりも編み地を傷つけません。
④**布用接着剤**…口金に流し込んで、本体を固定します。毛糸は接着しづらいので、布用を選ぶと安心です。
⑤**クリップ**…口金に本体を仮止めするときに使います。裁縫用の仮止めクリップが便利ですが、普通のクリップでも。
⑥**紙ひも**…この本では本体の口部分に編み込んで、口金に固定しやすくしています。P.62 参照。

本体を編む

⑦**とじ針**…細い針は本体を口金に縫いつけるために。太い針は編み終わりの糸を始末するときに使用します。
⑧**ジャンボ針**…太い毛糸や、複数の糸を束ねて編むときに。ざくざく編めます。
⑨**まち針**…中袋をまつりつけるときに使います。
⑩**かぎ針**…毛糸の太さに合わせて使う号数を選びます。この本の作り方ページには適した号数が載っています。
⑪**ハサミ**…糸切り用。布で中袋を作る場合は、裁ちバサミを用意しましょう。

P.6 01 基本のがまぐちの作り方

こま編みだけで編める基本のがまぐちの作り方をご紹介します。
口金の縫いつけ方をマスターすれば、さまざまな作品に応用できます。

用意するもの

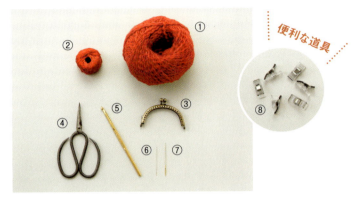

便利な道具

できあがり図

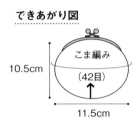

こま編み（42目）
10.5cm
11.5cm

材料

糸
①原毛に近いメリノウール（13）赤…30g
②ダルマレース糸♯80（15）赤…3g
③口金
　W7.8×H4.6cm（日）H26-AG

用具

④ハサミ
⑤かぎ針7号
⑥縫い針
⑦とじ針
⑧仮止め用クリップ
編み地と口金を合わせるときに使います。
普通のクリップでも可。

作り方手順

指定の糸2本どりで編みます。

編み図

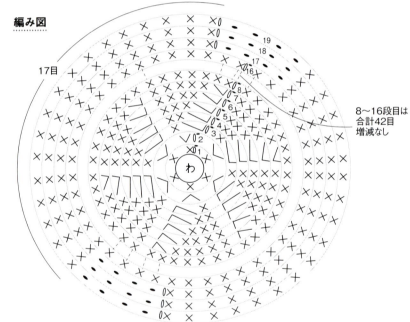

17目
8〜16段目は合計42目増減なし
わ

1 輪の作り目を作る
※写真は見やすいように黄色の1本どりで編んでいます。

01 写真のように左手に糸をかけ、右手でつまみます。

02 右手を手前に一回ひねって、輪を作ります。

03 輪にかぎ針を通します。

04 かぎ針に糸をかけ、引き出します。

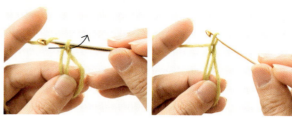

05 さらに糸をかけ、引き抜きます。これで立ち上がりの鎖1目が編めました。

2　1段目を編む …こま編みを編む

06 こま編みを編みます。かぎ針を輪に通して糸をかけ、引き出します。

07 再びかぎ針に糸をかけ、2本一緒に引き抜きます。こま編みが1目編めました。

08 06、07を繰り返し、もう1目編んだところ。

09 同様にして全部で合計6目編んだら、糸端を引き輪を絞ります。

10 絞ったところ。最初のこま編みの頭にかぎ針をさし入れます。

11 糸をかけ、針にかかった糸すべてを引き抜きます。これで引き抜き編みが編めました。

12 1段目が編み終わりました。

3 2段目を編む …こま編み2目を編み入れる

13 立ち上がりの鎖1目を編み、1段目の最初のこま編みの頭にかぎ針を入れます。

14 糸をかけてこま編みの頭のみ引き抜き、もう一度糸をかけ、2本一緒に引き抜きます。

15 こま編みが1目編めました。同じ場所に針を入れもう1目編みます。

16 こま編みの増し目が編めました。

17 残りも同様に増し目して合計12目編んだところ。2段目の最初のこま編みの頭に針をさし入れて1段目の終わりと同様に引き抜き編みをしたら、2段目の完成です。

4 3段目を編む …編み図に従って目を増やす

18 立ち上がりの鎖ひと目を編みます。

19 編み図の通りに増し目と普通のこま編みを繰り返します。

20 合計18目編んだら、引き抜き編みをします。3段目が完成しました。

5 4〜7段目を編む   6 8〜16段目を編む   7 17〜19段目を編む

21 7段目まで編み図の通りに、毎段増やし目をしながら編みます。

22 増減なしで編みます。目数は42目のまま。

23 17段目は立ち上がりの目を編まずに、16段目の最初のこま編みの頭に針をさし入れ、引き抜き編みをします。

24 糸をかけ、針にかかった糸すべてを引き抜きます。

25 引き抜き編みができました。

26 もう1目引き抜き編みします。こま編みをせずに2目分進みました。

27 隣の3目めに針を入れ糸をかけて引き抜き、立ち上がりの鎖1目を編みます。

28 27と同じ目にこま編みを編みます。

29 さらに16目こま編みを編んだところ。

30 23～25と同様に4目引き抜き編みをして、隣の目に立ち上がりの鎖1目を編みます。

31 こま編みを17目編んだところ。

32 2目引き抜き編みをしたら17段目完了。これで両脇4目ずつ引き抜き編みをした状態に。

33 18、19段も同様に編んだところ。両脇に凹みができます。

34 糸端は始末しやすい長さに切ってとじ針に通し、表に響かないように編み目にくぐらせて始末します。

8 口金をつける …縫いつけタイプの口金をつける

35 本体を金具の中心と両脇に合わせて、クリップでとめます。

36 糸は口金半分の6倍の長さを2本どりにして使います。これは口金半分をつけるために必要な長さです。

37 本体の裏で数回返し縫いをして糸を留め、引き抜き編みが終わった次の目の頭に、内側から針を入れます。

38 口金のいちばん端の穴に針を入れ、糸を引きます。

39 内側から37で針を入れたのと同じ場所に針を出します。

40 もう一度38と同じ口金の穴に針を入れます。

41 口金の隣の穴に針を入れ、本体の内側から外側へ針を出します。針を入れる場所は、口金の穴ひとつぶん進んだ場所に。編み目は気にしないでOK。

42 41と同じ口金の穴に針を入れます。

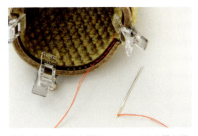

43 内側から見た様子。41→42を繰り返し、口金と本体を縫い合わせます。

44 端は縫い始め同様、同じ穴に2回糸を通してしっかり縫いつけましょう。

45 反対側も同様に縫いつければ完成です。17〜19段目で引き抜き編みをした両脇4目は縫いつけないのが、きれいに口金をつけるポイントです。

P.35 30 木製口金の クラッチバッグの作り方

木製口金の取りつけは、本体をはさみ込み、接着剤とねじで固定します。格子模様やリブ模様の編み方も紹介します。

用意するもの

材料
糸
①ウールジュート（3）ブルーグリーン115g
②ウールジュート（4）紺60g
③マーセライズドリネン（5）青15g
口金
④W25×H8.5cm（植）WK-2501
※ねじは口金の付属品。

その他
⑤幅3mm布用両面テープ
⑥布用接着剤

用具
⑦かぎ針7号、6号
⑧とじ針
⑨ハサミ
⑩プラスドライバー
　マイナスドライバー

編み図

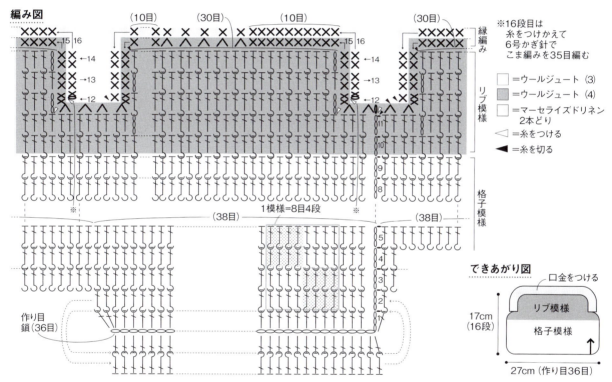

※16段目は糸をつけかえて6号かぎ針でこま編みを35目編む

□=ウールジュート（3）
■=ウールジュート（4）
□=マーセライズドリネン 2本どり
◁=糸をつける
◀=糸を切る

できあがり図
口金をつける
リブ模様
格子模様
17cm（16段）
27cm（作り目36目）

1　鎖編みの作り目を作る

01 基本のがま口と同様に輪を作り（P.50参照）、7号かぎ針を通して糸をかけます。

02 引き出して、糸端を引きます。※この目は作り目の数には入れません。

03 再び糸をかけ、引き出します。これで鎖編みが1目編めました。

04 03を繰り返して、鎖編みを36目編みます。

2 1段目を編む …編み図に従って目を増やす

05 立ち上がりの鎖3目を編みます。糸をかけ、(長編みの場合、立ち上がりの目も1目と数えるので、土台の1目を足して)端から5番目の鎖半目にかぎ針を入れます。

06 糸をかけ、引き出します。

07 再び糸をかけ、2本引き抜きます。

08 もう一度糸をかけて2本引き抜きます。長編みが1目編めました。長編みは立ち上がりの目も数えるので、これで2目編めた状態です。

09 05〜08を繰り返し、36目編んだところ。

10 端の目にさらに長編みを2目編み入れます。

11 編み地を回して、10と同じ目にもう1目編み入れます。端の目に合計4目編み入れました。

12 長編みを35目編み、端の目にも2目編み入れます。

13 立ち上がりの鎖の一番上の目にかぎ針を入れ、糸をかけて針にかかった糸すべてを引き抜きます。

14 1段目が完成しました。

3 2段目を編む …格子模様 (長編みの表引き上げ編みと裏引き上げ編み) の編み方

15 立ち上がりの鎖3目を編み、糸をかけ、1段目の長編みを丸ごとすくいます。

16 そのまま長編みを編みます。これが長編みの表引き上げ編みです。

17 長編みの表引き上げ編みをもう2目編みます。

18 次の目は裏から表方向にかぎ針を入れ、長編みを編みます。これが長編みの裏引き上げ編みです。

4 2段目を編む

19 表引き上げ編みを4目(立ち上がりの鎖編み含む)、裏引き上げ編みを4目編みました。

20 続けて全部で36目編んだところ。

21 10で編み入れた2目にも表引き上げ編みをし、編み地を回して編み図通りに36目+2目を編みます。

22 立ち上がり鎖3目の頭にかぎ針を入れて引き抜き編みをしたら、2段目の完成です。

5 3段目を編む

23 2段目と同様に一周編みます。

6 4〜9段目を編む

24 4段目は鎖3目で立ち上げた後、裏引き上げ編みを3目、表引き上げ編みを4目編みます。2、3段目とは表裏を逆に編みます。

25 編み図通りに表引き上げ編みと裏引き上げ編みを繰り返し、9段目の最後の目まで編んだところ。

7 10、11段目を編む …リブ模様の編み方

26 糸を変えて、引き抜き編みをします。

27 立ち上がりの鎖3目→表引き上げ編み→普通の長編みの順に編みます。

28 表引き上げ編みと長編みを繰り返し、10段目を一周編み終えました。

29 同様に11段目も編み、いったん糸を切ります。糸端はかぎ針にかけ、引き抜きましょう。

8　12〜14段目を編む

30　鎖編みを含めた5目めの長編みに、新しい糸で立ち上がり鎖3目を編みつけ、表引き上げ編みと長編みを交互に29目編みます。

31　13段目は鎖3目を編んだら、編み地を返して裏面から編みます。長編みと裏引き上げ編みを編みます。

32　14段目を再び表から編んだところ。バッグの後ろ面にも同様に12〜14段目を編みつけます。

9　15段目を編む

10　16段目を編む

33　11段目の鎖編みに新しい糸をつけ、編み図を参照してこま編みとこま編み2目一度(P.69参照)を編みます。縦方向に編むときは鎖編みや長編みを丸ごとすくって編みましょう。
※実際は同じ色の糸で編みます。

34　編み図を参照して、口金にはさむ部分に6号かぎ針を使って細い糸(マーセライズドリネン2本取り)でこま編みをします。

11　木製口金をつける

35　口金にはさむ部分に、布用両面テープを貼ります。

36　口金に布用接着剤を流し込みます。すぐにねじで本体を固定するので乾かす必要はありません。

37　テープの紙をはがして口金にはめ込みます。両脇から中心の順に合わせ、全体を少しずつ押し込みましょう。

38　マイナスドライバーでさらに押し込みます。

39　内側からもしっかり。

40　すべてのネジをとめたら完成です。

かぎ針で編む模様編み②

棒編みでおなじみのアラン模様をはじめ、さまざまな模様がかぎ針で編めます。
複雑そうな模様も、こま編みや長編みなど基本的な編み方の組み合わせでできています。

■アラン模様

縄のような模様は長編みの表引き上げ編みを交差させて作ります。
作品 P.22

01 針に糸をかけ、Dの長編みをすくいます。

02 長編みの表引き上げ編みを編みます。充分に高さが出るように、糸をひっぱり出しましょう。

03 Eの長編みをすくって、同様に表引き上げ編みを編みます。

04 Cの長編みの頭を土台に、裏から普通の長編みを編みます。

05 Aの長編みをすくって、表引き上げ編みを編みます。

06 Bの長編みをすくって、表引き上げ編みを編みます。

07 次の段は両脇2目は表引き上げ編みを、中心の1目は普通の長編みを編みます。

■千鳥格子

こま編みと長編みを交互に繰り返すだけ。色合わせを楽しんで。
作品 P.20

01 立ち上がりの鎖1目→こま編み→長編みの順に編みます。

02 こま編み→長編みを交互に繰り返します。

03 2段目は糸を変え、立ち上がりの鎖3目を編みます。長編みは立ち上がりの目も1目と数えるので、隣の目にこま編みを編み、長編み→こま編みを繰り返します。

04 3段目は糸を戻し、1段目と同様にこま編み→長編みの順に編みましょう。

■ パプコーン編み

いったん針を抜くのがポイント。玉編みより立体的な仕上がり。
作品 P.14

01 立ち上がりの鎖3目を編みます。

02 次の目に長編みを4目編みます。

03 いったん針を外し、最初の長編みの頭に針をさし直します。

04 針を外したときできたループに針をかけ、引き抜きます。

05 もう一度針に糸をかけ、引き抜いたら完成。

■ ヘリンボーン風模様

こま編みと長編みを交互に繰り返すことで、美しい地模様が現れます。
作品 P.18、23

01 立ち上がりの鎖1目を編み、こま編みと長編みを同じ目に編みます。

02 1目あけて、次の次の目にこま編みと長編みを編みます。

03 02を繰り返し、1段編んだところ。

04 2段目は鎖ひと目で立ち上がり、土台になる目の向こう側だけをすくってこま編みをします。これをすじ編みといいます。

05 2段目のすじ編みを編み終えました。

06 3段目は1段目と同様に。模様が浮かび上がってきました。

※斜め模様（作品 P.26、30）の編み方は P.71 参照。

いろいろな口金のつけ方

紙ひもを利用して本体を口金にしっかりはさむ方法や口金を丸ごと包みつける方法を紹介します。
ベンリー口金やバネ口金のように直線的な口金は、口金通しにすっきり収まります。

■ プラスチック口金…はさみつける（紙ひもを使用）

木製口金と同様のはさみつけタイプですが、ねじはありません。その分しっかり固定するために紙ひもを編みつけます。作品 P.44

01 口金の大きさに合わせて、口金より1cm長く紙ひもをカットします。

02 口金に押し込みやすいように、本体の口にリネン糸(2本取り)を編みつけます。立ち上がりの鎖1目を編んでから、紙ひもを編みくるみます。

03 かぎ針を本体にさし、紙ひもを包むように糸をかけて引き抜きます。

04 もう一度糸をかけ、引き抜きます。紙ひもをくるんだこま編みが編めました。

05 編み進み、裏から見たところ。

06 口金に押し込む部分にだけこま編みをして、余分な紙ひもはカットします。

07 こま編みした部分に、3mm幅の布用両面テープを表裏両方に貼ります。

08 口金の溝に布用接着剤を流し込みます。

09 テープの紙をはがして、まず両脇を合わせます。

10 両脇から中心の順に、マイナスドライバーで少しずつ押し込みます。

11 両面テープが見えなくなるまでしっかり押し込みましょう。

12 内側からも押し込みます。

■ニューム口金…包みつける ※写真は見やすいように糸の色を変えています。

編み地で口金を包みます。脇の留め具を外せば右下のバネ口金のように取りつけることも可能。作品 P.26、30

01 口金を包む前の状態。

02 持ち手の根元になる目を拾い、編み終わりの輪に針を通し、引き抜きます。

03 02で針にかけた2目のそれぞれ左隣の目に針を入れ、糸をかけて引き抜きます。

04 引き抜きはぎができました。

05 03、04を繰り返して、3目進んだところ。

06 残り半分と、反対側の口金も同様に引き抜きはぎします。

P.28のクラッチバッグも、ニューム口金を同様に包みつけます。

■ベンリー口金…口金通しを作る ※写真は見やすいように糸の色を変えています。

先に口金を通す通り道を作っておきます。口金の一部である棒を外すことができるので、取り付けが簡単。作品 P.37

01 長めに残した編み終わりの糸をとじ針に通し、口金の幅に合わせて表に響かないように、たてまつりに似た要領で編み目をすくいます。

02 端までまつり終わりました。

03 ベンリー口金の棒をいったん外して、02で完成した口金通しに通します。

04 再び棒を固定し、完成です。

P.12〜14のバッグのバネ口金も、口金通しを作ってつけます。本体が傷つかないように、口金を通すときは口金の先をマスキングテープで保護しておくと安心です。

中袋について

太い糸でざくざく編んだバッグは、細いペンや細かいものを入れると、編み目のすき間から落ちてしまいそうでちょっと不安。そんなとき頼れる中袋を2種類紹介します。

編む中袋

編む中袋は、本体よりも細い糸で編みます。本体の厚みに合わせて、ひとまわり小さめに編むのがポイントです。上の写真はP.42のポーチの中袋を外したところ。本来は中袋をまつりつけてから、口金をつけます。

P.40のポシェットにも中袋がついています。思い切って鮮やかな色を選んでも。

縫う中袋

縫う中袋は、できあがった本体を型紙代わりにして作ります。上の写真はP.28のクラッチバッグを使って、布に印をつけているところ。布を中表に折り、わにクラッチバッグの底を合わせます。

■ 縫い方

※単位はcm

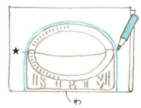

01 外側のラインを引き終わったら、バッグの口を開け口の両脇にも印(★)をつけます。

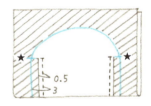

02 ★から下を縫い、斜線部をカットします。

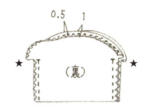

03 ★から下は2枚一緒に、★から上は1枚ずつ布端にジグザグミシンをかけます。さらに★から上は、1cm外側に折り、0.5cm内側を縫います。

04 本体と外表に重ね、口に透明ミシン糸でまつりつけます。

how to make

P.66　基本の編み方

P.72　作品の作り方

糸について

すべて横田株式会社（DARUMA）の糸を使用しています。
材料欄の●糸に下のように表記しました。

例：原毛に近いメリノウール (13) 赤 30g
　　　　製品名　　　　　色番　色　用量

※お手持ちの糸をご使用になる場合は、
　掲載の製品やかぎ針の号数を参考に太さをお選びください。

口金について

植村株式会社と日本鈕釦貿易株式会社の
口金を使用しています。
材料欄の●口金に下のように表記しました。

例：W12.7 × H7.6cm （日） H42-AG
　　　サイズ　　　　メーカー名　品番　色番

※メーカー名は、
　(植)＝植村株式会社・(日)＝日本鈕釦貿易株式会社。
※ AG はアンティークゴールドの略。
※口金のサイズは、実物と多少異なる場合があります。

糸つけ及び糸切り記号について

・著者の編み方に沿って表記しています。
　製作時の目安にご利用ください。
・編み終わりの始末のみをするために糸を切る場合の
　糸切り記号は、基本的に省略しています。

基本の編み方

本書に登場する主な編み方をまとめました。
むずかしく見える模様編みもこれらを組み合わせたもの。
記号がわかれば、どんどん編めます。

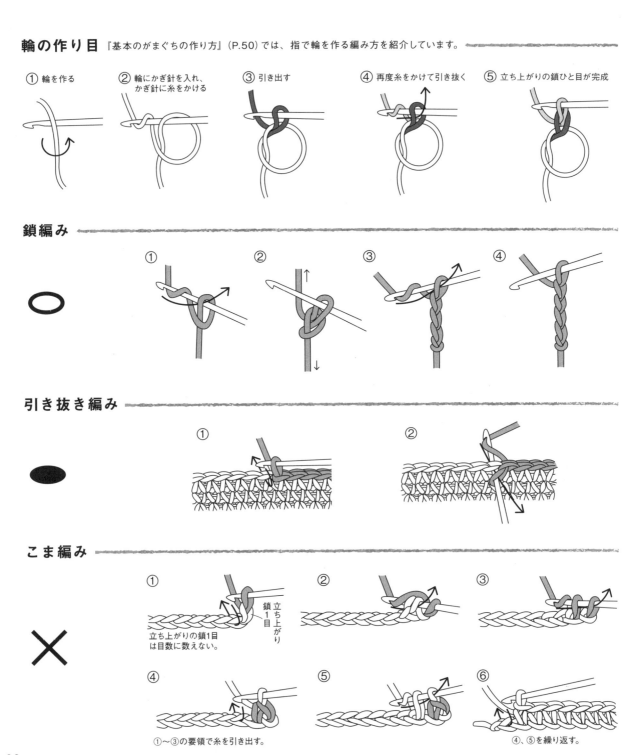

中長編み

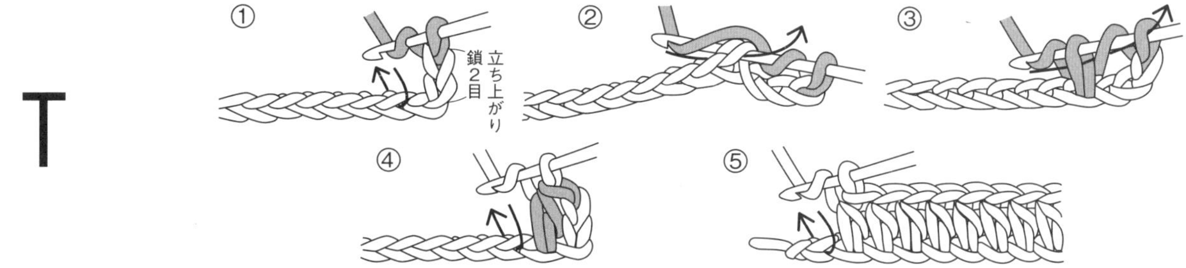

①②③④⑤

立ち上がり鎖2目

長編み

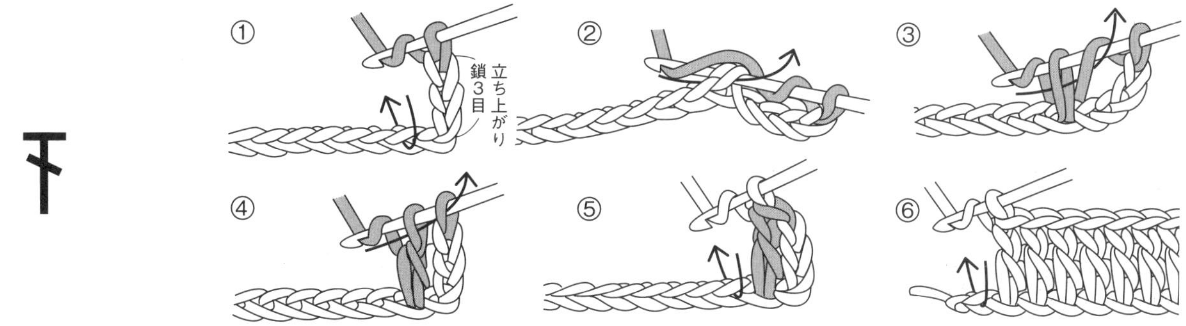

①②③④⑤⑥

立ち上がり鎖3目

こま編みのすじ編み

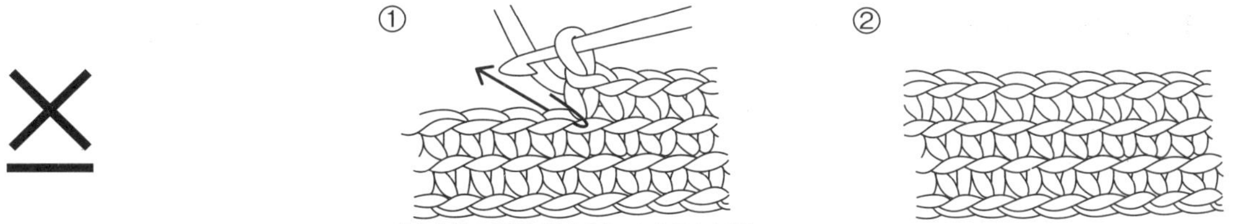

①②

向こう側の半目に針を入れ、こま編みを編む。

こま編み2目編み入れ

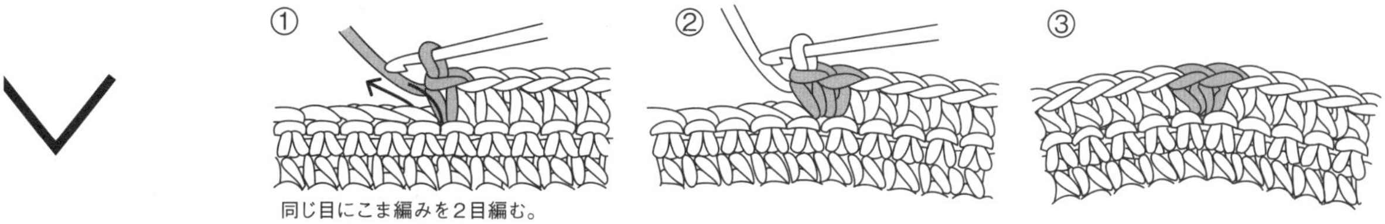

①②③

同じ目にこま編みを2目編む。

こま編み3目編み入れ

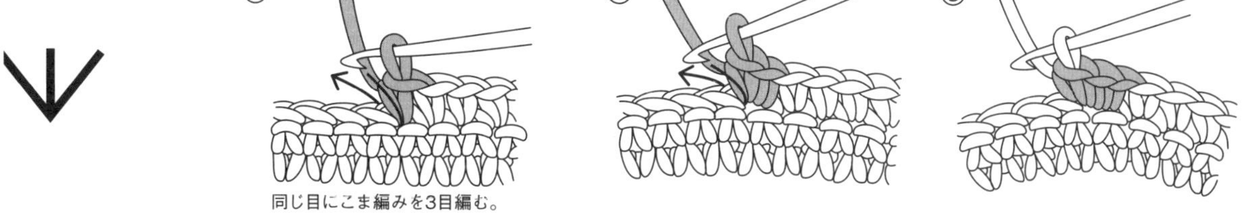

①②③

同じ目にこま編みを3目編む。

67

長編み2目編み入れ

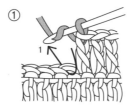
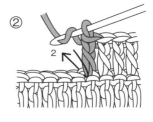

同じ目に長編みを2目編む。

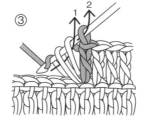
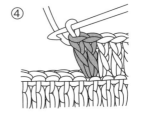

長編み3目編み入れ

同じ目に長編みを3目編む。

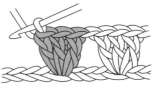

長編み表引き上げ編み

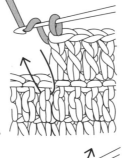
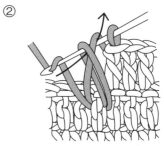

表から裏にかぎ針を入れ丸ごとすくい、長編みを編む。

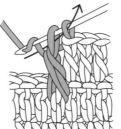

基本の編み方

長編み裏引き上げ編み

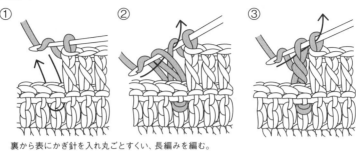

裏から表にかぎ針を入れ丸ごとすくい、長編みを編む。

こま編み2目一度

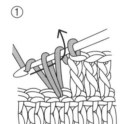
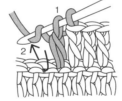
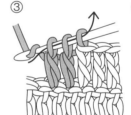

こま編みと同様に糸を引き出し、次の目に針を入れる。　同様に糸を引き出し、2目を一度に編む。

長編み2目一度

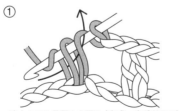
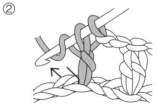

長編みと同様に糸を引き出し、次の目に針を入れる。　同様に糸を引き出し、2目を一度に編む。

長編み2目の玉編み

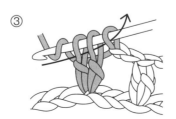

途中までの長編みを編む（完成一歩手前まで）。　同じ目にもう1目途中までの長編みを編む。

中長編み3目の玉編み

①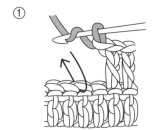
途中までの中長編みを編む
（完成一歩手前まで）。

②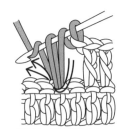
同じ目にもう2目途中までの
中長編みを編む。

③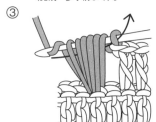
針に糸をかけて一度に引き抜く。

④

長編み3目の玉編み

①
長編みの途中までを3目分編む。

②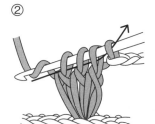
針に糸をかけて一度に引き抜く。

③

長編み4目のパプコーン編み

①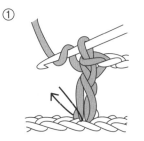
同じ目に長編みを4目編み入れる。

②
針を抜き、矢印のように1目の頭を
通して戻り、目を引き出す。

③
針に糸をかけ、鎖1目を編む
この目が頭の1目になる。

基本の編み方

2段目の立ち上がり

毎段、編み始めは編み目の高さ分の鎖編みを編みます。これは立ち上がりといって、編み目の種類によって、鎖編みの目数が変わります。こま編みの場合は立ち上がりの1目は編み目に数えません。それ以外は、立ち上がりを編み目の1目と数えます。

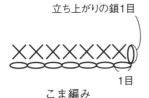
こま編み

中長編み

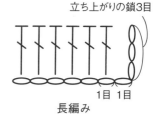
長編み

この本で使用した糸の製品名　※番号はP.48に対応しています。

表情豊かな秋冬糸
① ビッグボールミスト
② 手つむぎ風タム糸
③ ほんのりグラデーションウール
④ 原毛に近いメリノウール
⑤ コンビネーションウール
⑥ クラシックツイード
⑦ ポンポンウール
⑧ ウールモヘヤ
⑨ メリノスタイル　極太

中袋に適した細めの糸
⑩ ソフトコットン
⑪ メリノスタイル　合太
⑫ メリノスタイル　並太
⑬ 空気をまぜて糸にしたウールアルパカ

口金に挟み込む部分や引きそろえに適した糸
⑭ コットンクロシェラージ
⑮ マーセライズドリネン
⑯ ラメのレース糸♯30

口金を縫い付けるための糸
⑰ ダルマレース糸♯80

ユニークなテクスチャーの糸
⑱ ウールジュート
⑲ マテリアルテープ
⑳ フェイクファー
・ミンクタッチファー

かぎ針で編む模様編み

■斜め模様

表引き上げ編みと裏引き上げ編みの並びを一段毎に1目ずつずらして、斜め模様を作ります。
作品 P.26、30

01　鎖編み3目で立ち上げ、長編みの表引き上げ編みを2目編む。

02　裏引き上げ編みを2目編む。以降、表と裏を2目ずつ繰り返して2段目を編む。

03　3段目は鎖3目で立ち上げ、裏引き上げ編みを1目編む。

04　表引き上げ編みを2目編む。以降、裏と表を2目ずつ繰り返して3段目を編む。

05　4段目は鎖3目で立ち上げて、裏引き上げ編みを2目編み、以降表と裏を2目ずつ繰り返す。

06　4段目を編み終わったところ。

作品の作り方

本書に登場する作品の作り方を解説します。
編みなれてきたら、指定以外の糸でアレンジをお楽しみください。
口金も色違いを選ぶと作品の雰囲気が変わります。

 P.6　02. 基本のがまぐち

材料

●糸
原毛に近いメリノウール（4）深緑（11）茶色 各30g
ダルマレース糸 #80（5）ソフトブラウン 5g
●口金
W12.7 × H7.6cm（日）H42-AG

用具

かぎ針7号

作り方

1. 糸は2本どりで輪の作り目にこま編みを6目編み入れ、こま編みで途中で糸を替えながら本体を編む。
2. 26段目から本体が2股にわかれるよう、半分（36目）ずつ往復編みをする。
3. レース糸2本どりで本体を口金に縫いつける（P.54参照）。

編み図

26、27、28段めは半分（36目）ずつに分け、
往復編みで編み、反対側は新たに糸をつけて、
同様に編む

できあがり図

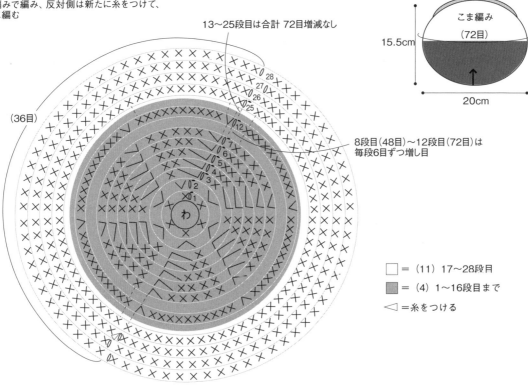

P.6　03. 基本のがまぐち

材料
●糸
コンビネーションウール (6) 白×紺 75g
ダルマレース糸 #80 (11) 紺 5g
●口金
W17.2 × H7.6cm (日) H58-AG

用具
かぎ針 8 号

作り方
1. 糸は1本どりで輪の作り目に長編みを12目編み入れ、長編みで本体を編む。
2. 12段目は本体が2股にわかれるよう、両脇で引き抜き編みをしながら一周続けて編む。
3. レース糸2本どりで本体を口金に縫いつける(P.54参照)。

編み図

12段めは糸を切らずに30目ずつに分けて長編みを編む

(30目)

6～11段は増減なし

できあがり図

長編み
(60目)
19cm
21cm

P.8　04.05.06. がまぐちのマトリョーシカ

材料

●糸
04. 手つむぎ風タム糸（15）イエロー 60g
　　（16）ブルーグリーン 20g
　　マーセライズドリネン（3）水色 25g
　　ダルマレース糸#80（7）ソフトブルー 3g
05. 手つむぎ風タム糸（14）紺 50g
　　マーセライズドリネン（2）ベージュ 25g
　　（12）黒 20g
　　ダルマレース糸#80（11）紺 3g
06. 手つむぎ風タム糸（11）濃グレー 30g
　　コットンクロシェラージ（8）淡紫 20g
　　ラメのレース糸 #30（2）シルバー 10g
　　マーセライズドリネン（7）グレー 25g
　　ダルマレース糸#80（9）紫 3g

●口金
04. W17.2×H7.6cm（日）HR58-AG
05. W12.7×H7.6cm（日）HR42-AG
06. W6×H4cm（日）H18-AG

●その他
04. チェーン 40cm（植）BK-41AG
05. チェーン 18cm（日）KE-713
06. ボールチェーン14cm（日）NS202-AG

用具

かぎ針9号、5号（05、06のフリンジのみ）

作り方

1. 糸は手つむぎ風タム糸〔04は（15）使用〕とマーセライズドリネン2本どりで9号針で編む。輪の作り目に長編みを12目編み入れ、長編みで本体を編む。
2. 最終段は本体が2股にわかれるよう、両脇で引き抜き編みをしながら一周続けて編む。
3. 糸を下記に替え、できあがりの図を参照して鎖のフリンジを編みつける。
　　04：手つむぎ風タム糸（16）1本どり
　　05：マーセライズドリネン（12）1本どり
　　06：コットンクロシェラージとラメのレース糸の2本どり
4. レース糸2本どりで本体を口金に縫いつける（P.54参照）。

できあがり図

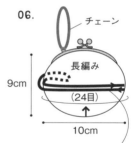

06.

＜フリンジ編みつけ位置＞
本体3、4段目の目に、5号針で
引き抜きながら、ぐるりと編みつける

フリンジ　コットンクロシェラージと
ラメのレース糸の2本どりで
本体の目に引き抜きながら
編みつける（1～2本ずつ好みの
ボリュームで編みつける）

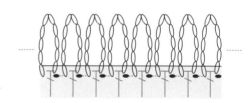

編み図

06.

6段目は糸を切らずに
12目ずつに分けて
長編みを編む

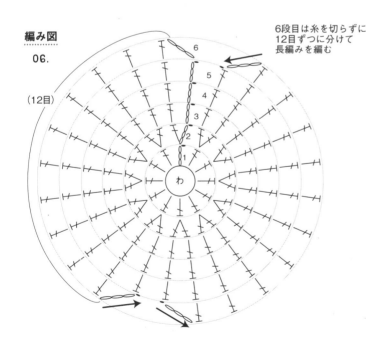

できあがり図

05.

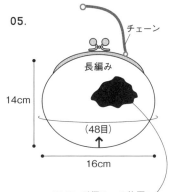

14cm / 16cm / (48目) / 長編み / チェーン

<フリンジ編みつけ位置>
本体5～8段目の中央あたりに
引き抜きながら、5号針で
編みつける

フリンジ マーセライズドリネン（12）
1本どりで本体の目に引き抜きながら
編みつける（1～2本ずつ好みの
ボリュームで編みつける）

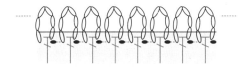

04.

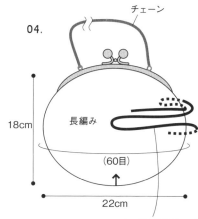

18cm / 22cm / (60目) / 長編み / チェーン

<フリンジ編みつけ位置>
本体7～9段目の中央あたりに
引き抜きながら、9号針で
編みつける

フリンジ 手つむぎ風タム糸（16）1本どりで
本体の目に引き抜きながら
編みつける（1～2本ずつ好みの
ボリュームで編みつける）

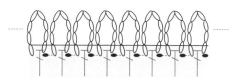

編み図

04. 本体の編み図は **03.** 基本のがまぐちと同じです。

05.

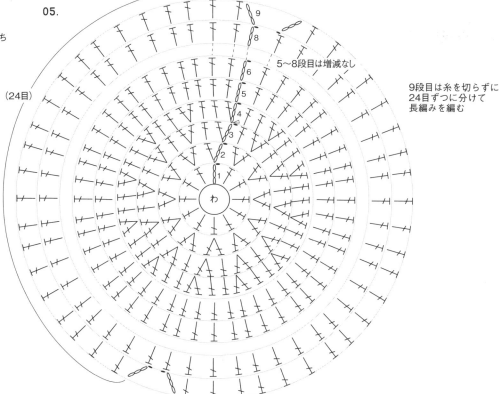

5～8段目は増減なし

9段目は糸を切らずに
24目ずつに分けて
長編みを編む

(24目)

P.10 07.08. 配色自慢のがまぐち

材料
●糸
- 07. ポンポンウール（7）グレー×黄色 30g
    ダルマレース糸 #80（7）ソフトブルー 5g
- 08. ポンポンウール（5）紺×オレンジ 30g
    原毛に近いメリノウール（6）マスタード 20g
    ダルマレース糸 #80（6）ソフトグリーン 5g

●口金
- 07. W7.8 × H4.6cm（日）H26-AG
- 08. W12.7 × H7.6cm（日）H42-AG

用具
かぎ針7号

作り方
1. 糸は1本どりで輪の作り目にこま編みを6目編み入れ、こま編みで本体を編む（ポンポンウールのネップは編み地表に指で軽くつまみ出しながら編む）。08は途中で糸を替えながら編む。
2. 最終3段は本体が2股にわかれるよう、07は両脇で引き抜き編みをしながら一周続けて編み、08は半分（42目）ずつ往復編みをする。
3. レース糸2本どりで本体を口金に縫いつける（P.54参照）。

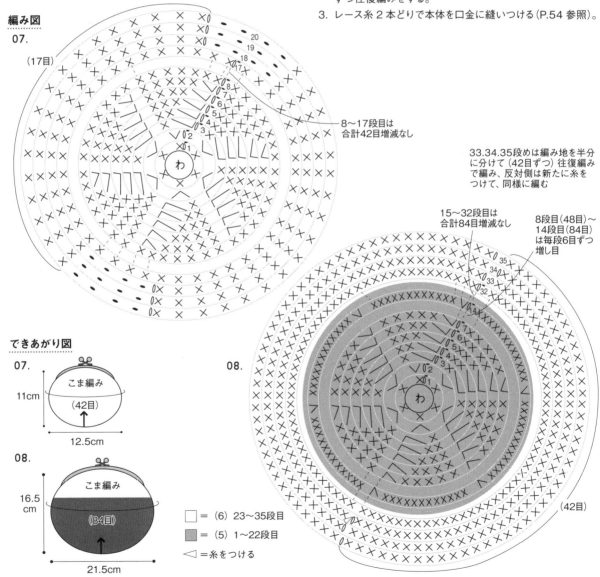

P.11 09. 配色自慢のがまぐち

材料

●糸
ポンポンウール (6) 淡グレー×黒 (2) 淡ブラウン×黒 各30g
原毛に近いメリノウール (10) 黒 30g (5) ブルーグリーン 20g
ダルマレース糸 #80 (5) ソフトブラウン 5g
●口金
W17.2 × H7.6cm (日) H58-AG

用具

かぎ針7号

作り方

1. 糸は2本どりで輪の作り目に長編みを12目編み入れ、長編みで本体を編む（ポンポンウールのネップは編み地表に指で軽くつまみ出しながら編む）。配色表に沿って途中で糸を替える。
2. 17段目は本体が2股にわかれるよう、両脇で引き抜き編みをしながら一周続けて編む。
3. レース糸2本どりで本体を口金に縫いつける（P.54参照）。

配色表

段数	色番
14～17	(2) 1本どり
10～13	(6) 1本どり
9	(5) 2本どり
1～8	(10) 2本どり

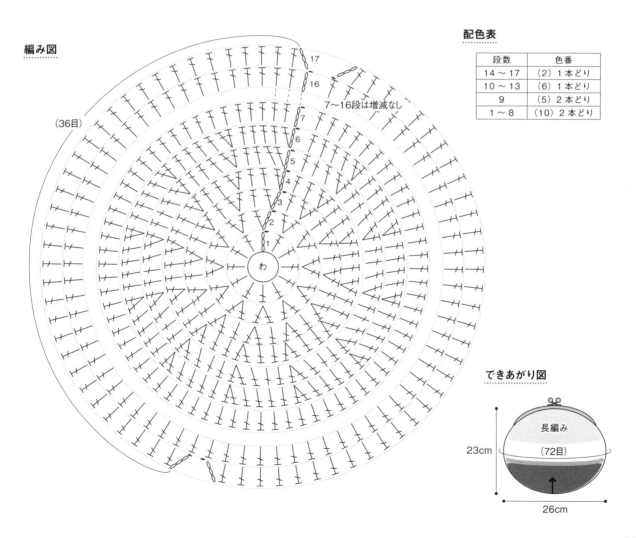

編み図 / 7～16段は増減なし / (36目) / わ

できあがり図
長編み (72目)
23cm × 26cm

P.12 **10. バイカラーのクラッチバッグ**

材料
●糸
クラシックツイード（8）マスタード 80g
（4）ダークグリーン 40g
●口金
W27×H1.5cm（日）JS8527-AG
●その他
マスキングテープ

用具
かぎ針8号、ペンチ

ゲージ
模様編み10cm角＝6段13目

作り方
1. 糸は1本どりで鎖36目の作り目で編み始める。1段目は作り目の反対側も拾って合計76目にし、2段目から模様編みで輪に編む。途中で糸を替えながら編む。
2. 13段目から本体が2股にわかれるよう、半分（38目）ずつ往復編みをする。
3. 本体の残り半分に糸をつけ、同様に編む。
4. 編み終わりの糸を80cmほど残し、14段目と15段目を内側に折り込み、本体の裏側に端をまつりつけ、口金通しを作る。反対側も同様に作る（P.63参照）。
5. 口金の端にマスキングテープを貼り、口金通しに口金を通す（P.63参照）。

できあがり図

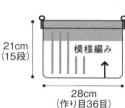

編み図　◁＝糸をつける　■＝(4)　□＝(8)

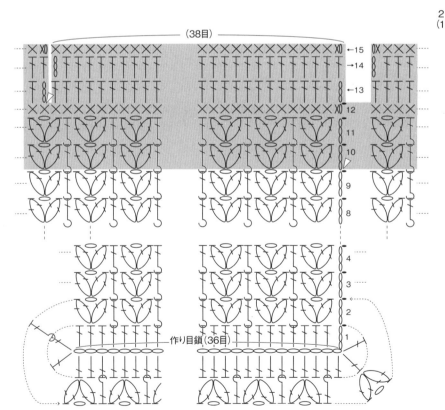

P.13　11. ダイヤ模様のショルダーバッグ

材料

●糸
コンビネーションウール (3) グレー 120g
(7) 紺 40g
●口金
W25×H1.3cm (植) BK-2522
●その他
革持ち手 115～130cm (植)
BS-1203A #25
マスキングテープ

用具

ジャンボかぎ針8mm、かぎ針10号、
ペンチ

ゲージ

模様編み10cm角=5段15目

作り方

1. 8mm針、糸は1本どりで鎖26目の作り目で編み始める。1段目は作り目の反対側も拾って合計56目にし、2段目から模様編みで輪に編む。途中で糸を替えながら編む。
2. 15段目から10号針に替え、本体が2股にわかれるよう、半分 (23目) ずつ往復編みする。
3. 本体の残り半分に糸をつけ、同様に編む。
4. 編み終わりの糸を70cmほど残し、1段分を内側に折り込み、本体の裏側に端をまつりつけ、口金通しを作る。反対側も同様に作る (P.63参照)。
5. 口金の端にマスキングテープを貼り、口金通しに口金を通す (P.63参照)。

できあがり図

編み図　◁=糸をつける　■=(7)　□=(3)

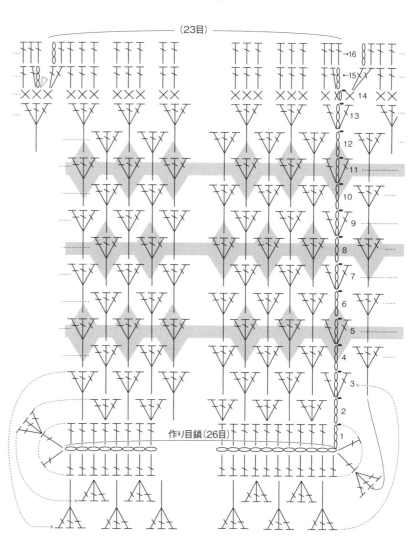

P.14　12. パプコーン編みのバッグ

材料
●糸
ビッグボールミスト (1) 白 50g
原毛に近いメリノウール (1) 白 120g
●口金
W24 × H1.5cm (日) JS8524-AG
●その他
チェーン 120cm (植) BK-1243 #AG
マスキングテープ

用具
ジャンボかぎ針8mm、かぎ針10号、
ペンチ

ゲージ
模様編み10cm角=5段9目

作り方
1. 8mm針、ビッグボールミストの1本どりで、輪の作り目に長編み12目を編み入れ、5段編む。
2. 6段目から10号かぎ針に替え、指定の糸でパプコーン編み (P.61参照) と長編みの段を交互に編む。
3. 15段目から本体が2股にわかれるよう、半分 (30目) ずつ往復編みする。
4. 本体の残り半分に糸をつけ、同様に編む。
5. 編み終わりの糸を70cmほど残し、2段分を内側に折り込み、本体裏側に端をまつりつけ、口金の通し口を作る。反対側も同様に作る (P.63参照)。
6. 口金の端にマスキングテープを貼り、口金通しに口金を通す (P.63参照)。

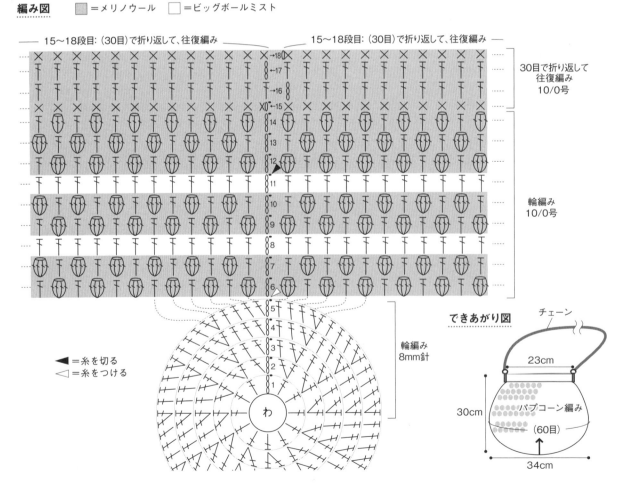

P.18 ## 13.14. 眼鏡ケース

材料

● 糸
13. 原毛に近いメリノウール (12) ピンク 30g
    コットンクロシェラージ (14) グレー 20g
14. メリノスタイル並太 (8) ブルーグレー 50g
    (10) こげ茶 15g
    コットンクロシェラージ (11) 青 20g
● 口金
W18 × H8cm (植) BK-1859

用具
かぎ針6号

作り方

1. 糸は各1本ずつの2本どりで鎖34目の作り目で編み始める。1段目は作り目の反対側も拾って合計68目にし、ヘリンボーン風模様 (P.61参照) で輪に編む。14は途中で糸を替えながら編む。
2. 5段目から本体が2股にわかれるよう、半分 (32目) ずつ往復編みする。
3. 本体の残り半分に糸をつけ、同様に編む。
4. 往復編み部分を囲む3辺にこま編みで縁編みを1段編みつける。反対側も同様に編む。
5. コットンクロシェラージ1本どりで本体を口金の**13**は外側に、**14**は内側に縫いつける (P.54参照)。

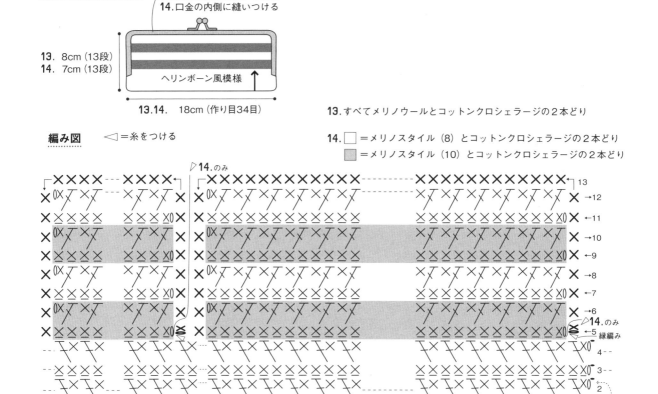

15.16.17. 千鳥格子のカードケース

材料

● 糸
15. 空気をまぜて糸にしたウールアルパカ（1）白（9）黒 各20g
    ダルマレース糸#80（12）黒 5g
16. ほんのりグラデーションウール（3）赤系（6）緑系 各20g
    ダルマレース糸#80（15）赤 5g
17. メリノスタイル並太（13）マスタード（16）ミント 各20g
    ダルマレース糸#80（7）ソフトブルー 5g

● 口金
W7.5×H5cm（植）BK-774
※口金のデザインは多少異なります。

用具
かぎ針7号

作り方

1. 糸2本どりで15、17は鎖14目、16は鎖12目の作り目で編み始める。1段目は作り目の反対側も拾って倍の目数にし、千鳥格子（P.60参照）で毎段糸を替えながら輪に編む。
2. 11段目から本体が2股にわかれるよう、半分（15、17は10目、16は8目）ずつ往復編みする。
3. 本体の残り半分に糸をつけ、同様に編む。
4. レース糸2本どりで本体を口金に縫いつける（P.54参照）。

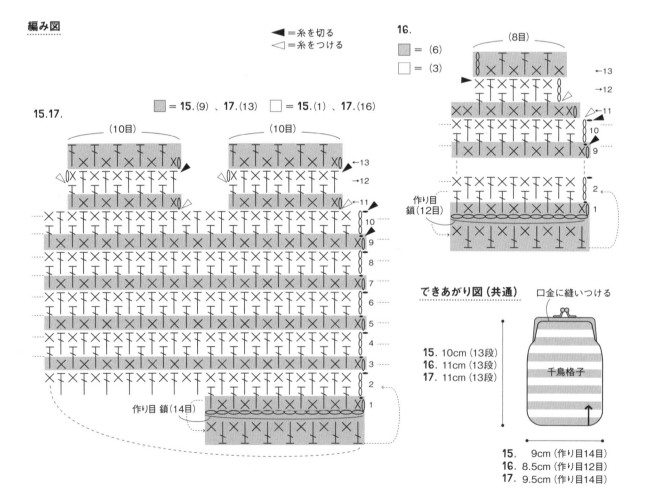

編み図

15. 10cm（13段）
16. 11cm（13段）
17. 11cm（13段）

15. 9cm（作り目14目）
16. 8.5cm（作り目12目）
17. 9.5cm（作り目14目）

P.22 **18.19. メンズがまぐち**

材料
● 糸
18. クラシックツイード (2)紺 20g (6)茶 15g
    ダルマレース糸#80 (11)紺 5g
19. クラシックツイード (9)グレー 30g
    ダルマレース糸#80 (7)ソフトブルー 5g
● 口金
W7.5 × H5cm (植) BK-774
※ 18は口金のデザインが多少異なります。

用具
かぎ針7号

作り方
1. 糸は1本どりで鎖14目の作り目で編み始める。1段目は作り目の反対側も拾って合計30目にし、18は長編み、19はアラン模様(P.60参照)で輪に編む。18は途中で糸を替えながら編む。
2. 8段目から本体が2股にわかれるよう、半分(18は14目、19は13目)ずつ往復編みする。
3. 本体の残り半分に糸をつけ、同様に編む。
4. レース糸2本どりで本体を口金に縫いつける(P.54参照)。

配色表
18.

段数	色番	段数	色番
5	(6)	8～9	(2)
4	(2)	7	(6)
3	(6)	6	(2)
1～2	(2)		

編み図 18. ■=(6) □=(2) ◁=糸をつける

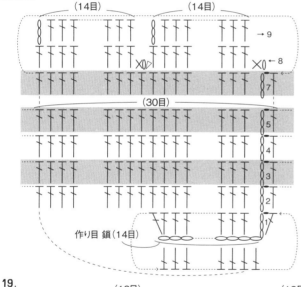

19.

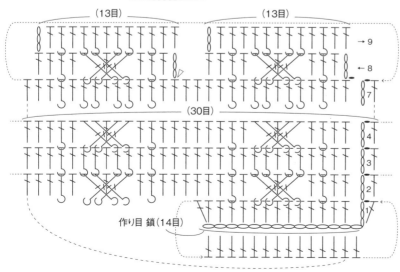

できあがり図

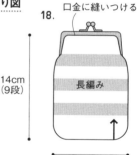

18. 口金に縫いつける
14cm (9段) 長編み
10cm (作り目14目)

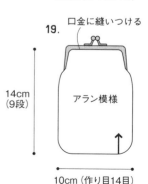

19. 口金に縫いつける
14cm (9段) アラン模様
10cm (作り目14目)

P.23 ## 20. ヘリンボーン風モバイルケース

材料
●糸
ほんのりグラデーションウール（6）緑系 50g
原毛に近いメリノウール（4）深緑 50g
ダルマレース糸#80（6）ソフトグリーン 5g
●口金
W18 × H8cm（植）BK-1859

用具
かぎ針7号

ゲージ
模様編み10cm角＝15段16目

作り方
1. 糸は2本どりで鎖28目の作り目で編み始める。1段目は作り目の反対側も拾って合計56目にし、2段目からヘリンボーン風模様（P.61参照）で輪に編む。
2. 28段目から本体が2股にわかれるよう、半分（26目）ずつ往復編みする。
3. 本体の残り半分に糸をつけ、同様に編む。
4. レース糸2本どりで本体を口金の内側に縫いつける（P.54参照）。

編み図

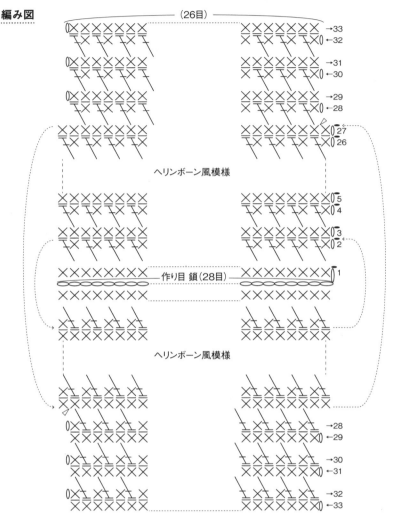

◁ ＝糸をつける
− ＝引き抜き編み
× ＝こま編み

できあがり図

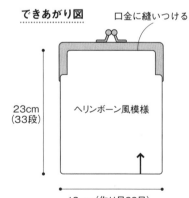

23cm（33段）
18cm（作り目28目）
口金に縫いつける
ヘリンボーン風模様

P.24 21. 同じ口金を使ったがまぐち

材料
●糸
原毛に近いメリノウール
(5) ブルーグリーン 30g
(15) 緑 (16) ベージュ 各20g
ダルマレース糸♯80 (8) 青 5g
●口金
W7.5 × H5cm (植) BK-774

用具
かぎ針8号

作り方
1. 糸はメリノウール (5) の2本どりで鎖12目の作り目で編み始める。1段目は作り目の反対側も拾って合計24目にし、こま編みのすじ編みで途中で糸を替えながら輪に編む (配色糸は切らずに編みくるみながら進む)。
2. 43段目から本体が2股にわかれるよう、半分 (10目) ずつ往復編みする。
3. 本体の残り半分に糸をつけ、同様に編む。
4. レース糸2本どりで口金の内側に本体を縫いつける (P.54参照)。

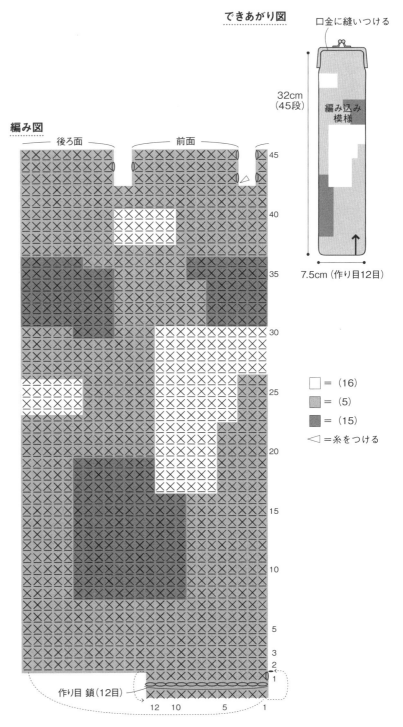

P.24 22. 同じ口金を使ったがまぐち

材料
●糸
メリノスタイル並太(8) ブルーグレー(16) ミント 各25g
ダルマレース糸 #80 (7) ソフトブルー 5g
●口金
W7.5 × H5cm (植) BK-774

用具
かぎ針8号

作り方
1. 糸はメリノスタイル並太(8)の2本どりで鎖12目の作り目で編み始める。1段目は作り目の反対側も拾って合計24目にし、2段目から模様編みで途中で糸を替えながら輪に編む。
2. 18段目は本体が2股にわかれるよう、半分(10目)だけを編む。
3. 本体の残り半分に糸をつけ、同様に編む。
4. 19段目は2股に分かれた部分の3辺にこま編みの縁編みを1段編みつける。
5. レース糸2本どりで本体を口金の外側に縫いつける(P.54参照)。

編み図

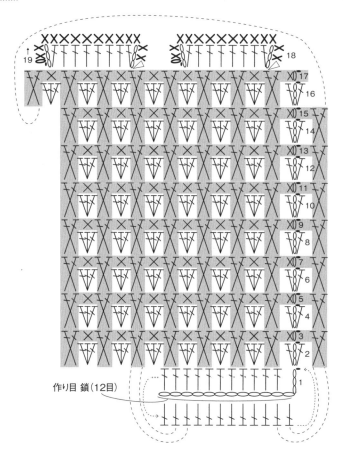

できあがり図

口金に縫いつける
20cm (19段)
模様編み
10.5cm (作り目12目)

□ = (8)
■ = (16)
◁ = 糸をつける

P.24 ## 23. 同じ口金を使ったがまぐち

材料
●糸
空気をまぜて糸にしたウールアルパカ (7) グレー 30g
ウールモヘヤ (3) ミント 10g
ダルマレース糸♯80 (7) ソフトブルー 5g
●口金
W7.5×H5cm (植) BK-774

用具
かぎ針8号、7号

作り方
1. 8号針、糸はウールアルパカの2本どりで鎖13目の作り目で編み始める。1段目は作り目の反対側も拾って合計26目にし、2段目から模様編みで途中で糸を替えながら輪に編む。
2. 13段目は本体が2股にわかれるよう、両脇3目をこま編みで編み、残りは10目ずつ長編みで編む。
3. 14段目は針を7号に替え、縁編みを1段編みつける。
4. レース糸2本どりで本体を口金の外側に縫いつける (P.54参照)。

編み図　　　　　　　　　　　　　　　**できあがり図**

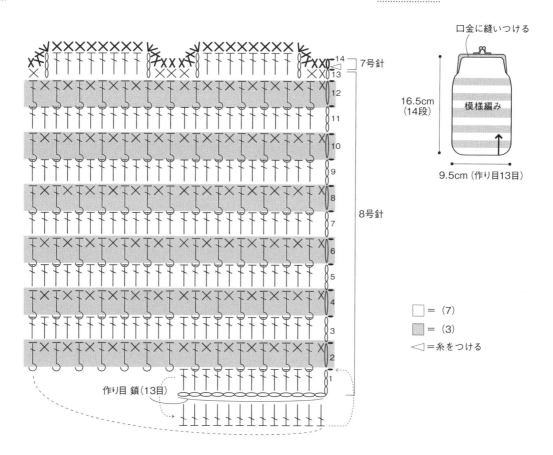

P.25 24. L字口金の道具入れ

材料

●糸
マテリアルテープ (1) 白 (6) グレー
(9) 紺 各45g
原毛に近いメリノウール (8) グレー 15g
ラメのレース糸 #30 (2) シルバー 5g
ダルマレース糸 #80 (7) ソフトブルー 5g
●口金
W18.5 × H10.5cm (植) BK-1864 #AG
●その他
ボールチェーン 14cm (日) NS202-AG
ゴールドの革 (21×18cm)
布用接着剤

用具

かぎ針8号

作り方

1. 糸は1本どりで鎖15目の作り目を編み、往復編みで途中で糸を替えながら47段編む。
2. 本体を二つ折りにし、指定位置に紺 (9) の糸をつけ縁編みを1段編みながらはぎ合わせる。
3. 内側にゴールドの革を接着剤で貼りつける。
4. レース糸2本どりで本体を口金の外側に縫いつける (P.54参照)。
5. メリノウールとラメのレース糸で作った長さ約6cmのタッセルをつける。

できあがり図

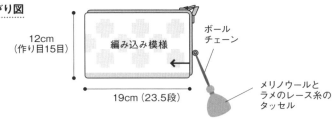

編み図

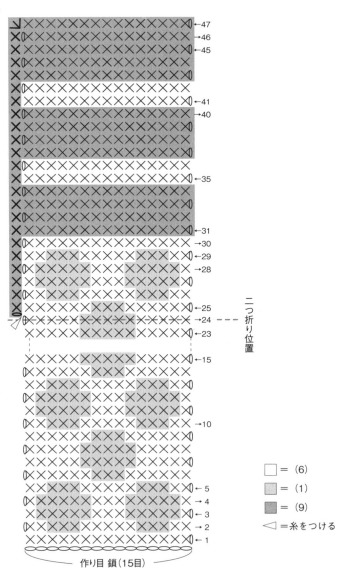

タッセルの作り方

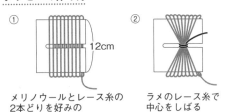

P.25

25. L字口金の道具入れ

材料
●糸
マテリアルテープ (5)エメラルドグリーン (6)グレー 各50g
ダルマレース糸#80 (7)ソフトブルー 10g
●口金
W18.5×H10.5cm (植) BK-1864 #AG
●その他
ボールチェーン 14cm (日) NS202-AG
革タッセル 5cm (植) LT-50 #8
ワンタッチフェルト 水色 (18×18cm)
布用接着剤

用具
かぎ針8号

作り方
1. 糸は1本どりで鎖22目の作り目で編み始める。1段目は作り目の反対側も拾って合計44目にし、輪に編む。2段目から途中で糸を替えながら往復編みで12段編む。
2. 内側にワンタッチフェルトを貼る。はがれやすい周囲は接着剤もつけて固定する。
3. レース糸4本どりで本体を口金の外側に縫いつける (P.54参照)。
4. タッセルをつける。

できあがり図

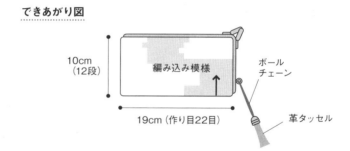

編み図

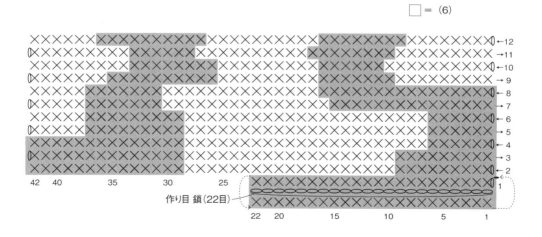

26. 斜め模様の赤いバッグ

材料
●糸
コンビネーションウール (5) 赤 250g
●口金
W21 × H10cm（日）JS-2221

用具
ジャンボかぎ針 8mm
かぎ針 10号、8号

ゲージ
模様編み 10cm 角 = 7段 10目

作り方

1. 8mm針、糸は2本どりで輪の作り目に長編みを12目編み入れ、長編みで増目しながら5段目まで編み、続けて斜め模様で20段目まで編む（P.71参照）。
2. 21段目から10号針に替え、こま編み1段、すじ編み2段編む。
3. 24段目から持ち手を作る。すじ編み3目、こま編み1目を編み、持ち手の土台になる鎖35目を編んで、23段目のこま編みを22目分空けたところにこま編み1目で編みつけ、すじ編みに戻る。反対側も同様に持ち手土台を作る。
4. 25～29段目はすじ編みで一周86目を輪に編む。
5. 編み終わりの糸は切らずに、かぎ針を8号針に替え、25～29段目の編み地で口金をくるみ、24段目の頭半目と29段目の半目同士を合わせて引き抜きはぎで編みくるむ（P.63参照）。

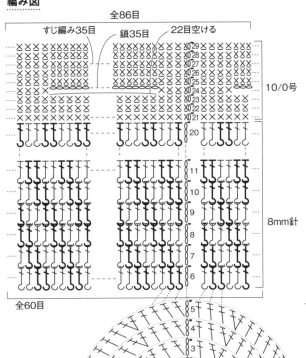

P.28 ## 27. アラン模様のクラッチバッグ

材料
●糸
メリノスタイル極太 (302) サンドベージュ　(311) マスタード
各90g
●口金
W24×H11cm（日）JS-2224
●その他
リネンキャンバス地 生成 (35×60cm)

用具
ジャンボかぎ針8mm、10mm、かぎ針8号

ゲージ
模様編み10cm角=4段11目

作り方
1. 8mm針、糸は各色1本ずつの2本どりで鎖30目の作り目を編む。1段目は作り目の反対側も拾って合計60目にし、アラン模様（P.60を参考に目数は編み図に合わせる）で輪に編む。
2. 10段目から10mm針に替え、本体が2股にわかれるよう、半分（34目）ずつ往復編みする。
3. 本体の残り半分に糸をつけ、同様に編む。
4. 8号針に替え、10、11段目の編み地で口金をくるみ、9段目の頭半目と11段目の半目同士を合わせて引き抜きはぎで編みくるむ（P.63参照）。
5. リネンで内袋を縫い、本体の内側に縫いつける（P.64参照）。

できあがり図

編み図

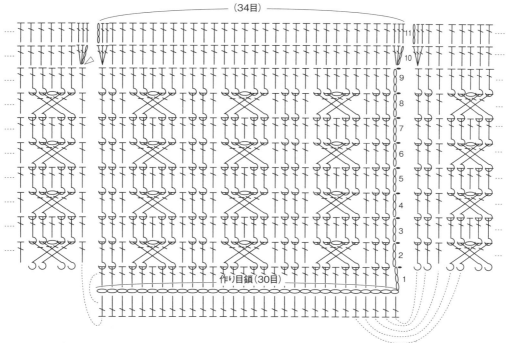

◁=糸をつける

P.30 28. 斜め模様のグレーバッグ

材料
●糸
メリノスタイル極太（302）サンドベージュ 200g
●口金
W21×H10cm（日）JS-2221

用具
ジャンボかぎ針8mm、かぎ針10号、8号

ゲージ
模様編み10cm角＝7段10目

作り方
1. 8mm針、糸は2本どりで鎖30目の作り目で編み始める。1段目は作り目の反対側も拾って合計60目にし、斜め模様（P.71参照）で輪に編む。
2. 14段目から10号針に替え、こま編み1段、すじ編み1段を編む。
3. 16段目から持ち手を作る。すじ編み3目、こま編み1目を編み、持ち手土台になる鎖35目を編んで、15段目のこま編みを22目分空けたところにこま編み1目で編みつけ、すじ編みに戻る。反対側も同様に持ち手土台を作る。
4. 17〜20段目はすじ編みで一周86目を輪に編む。
5. 8号針に替え、17〜20段目の本体で口金をくるみ、16段目の頭半目と20段目の半目同士を合わせて引き抜きはぎで編みくるむ（P.63参照）。

できあがり図

中に口金を入れて編みくるむ

29cm　斜め模様（60目）

32cm

編み図

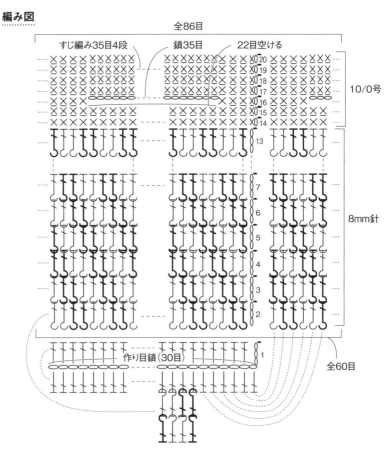

P.34 29. 格子模様のクラッチバッグ

材料
●糸
手つむぎ風タム糸 (15) イエロー 150g (14) 紺 80g
ソフトコットン (5) マスタード 80g (4) 紺 50g
マーセライズドリネン (5) 青 15g
●口金
W31 × H9cm (植) WK-3101 #24
●その他
幅 3mm 布用両面テープ、布用接着剤

用具
かぎ針 8号、7号、6号、
プラスドライバー、マイナスドライバー

ゲージ
模様編み10cm角=9段12目

作り方
1. 8号針、糸はタム糸 (15) とソフトコットン (5) の2本どりで鎖40目の作り目で編み始める。1段目は作り目の反対側も拾って合計84目にし、格子模様 (P.57参照) で輪に編む。
2. 14段目から、13段目の5目めにタム糸 (14) とソフトコットン (4) の2本どりで糸をつけ、本体が2股にわかれるよう、半分 (34目) ずつ往復編みでリブ模様 (P.58参照) を編む。
3. 本体の残り半分に糸をつけ、同様に編む。
4. 19段目で7号針に替え、往復編み部分を囲む3辺にこま編みで縁編みを1段編みつける。反対側も糸をつけ同様に編む。
5. 20段目で6号針に替え、マーセライズドリネン2本どりで、縁編み2段目を編む。反対側も糸をつけ同様に編む。
6. 20段目に両面テープを貼り、接着剤をつけた口金に押し込む (P.59参照)。

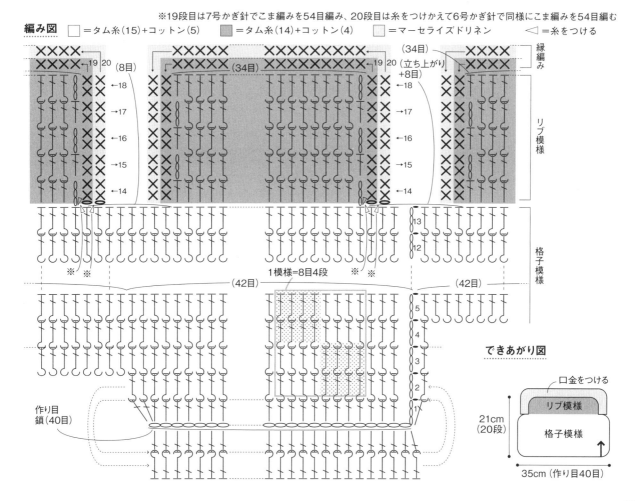

P.35 31. 木製口金のクラッチバッグ

材料
●糸
ウールジュート（2）グレーベージュ 100g
マーセライズドリネン（2）ベージュ 15g
●口金
W20 × H9cm（植）WK-2001
●その他
幅3mm布用両面テープ、布用接着剤

用具
かぎ針8号、6号、
プラスドライバー、マイナスドライバー

ゲージ
模様編み10cm角＝9段14目

作り方
1. 8号針、糸はウールジュート1本どりで鎖26目の作り目で編み始める。1段目は作り目の反対側も拾って合計56目にし、格子模様（P.57参照）で輪に編む。
2. 8段目からリブ模様で編む（P.58参照）。
3. 10段目から本体が2股にわかれるよう、半分（28目）ずつ往復編みする。
4. 本体の残り半分に糸をつけ、同様に編む。
5. 15段目は6号針、糸はマーセライズドリネン1本どりに替え、往復編み部分を囲む3辺にこま編みで縁編みを1段編みつける。反対側も糸をつけ同様に編む。
6. 15段目に両面テープを貼り、接着剤をつけた口金に押し込む（P.59参照）。

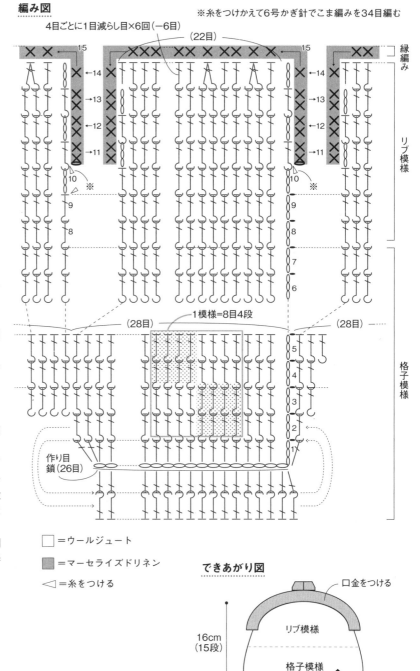

P.36 32. ベンリー口金のハンドバッグ

材料
●糸
ビッグボールミスト (8) 茶　(9) 紺　各50g
●口金
W18×H16cm (植) BK-1054 #AG

用具
かぎ針10号

ゲージ
模様編み10cm角=6段10目

作り方
1. 糸は1本どりで鎖30目の作り目で編み始める。1段目は作り目の反対側も拾って合計60目にし、2段目から模様編みで途中で糸を替えながら輪に編む。11段目で一旦糸を切る。
2. 12段目から11段目の5目めに糸をつけ、本体が2股にわかれるよう、半分 (16目) ずつ往復編みする。
3. 本体の残り半分に糸をつけ、同様に編む。
4. 編み終わりの糸を30cmほど残し、14段、15段を内側に折り込み、本体の裏側に端をまつりつけ、口金通しを作る。反対側も同様にする。
5. 口金通しに口金を通す (P.63参照)。

編み図

◀ = 糸を切る
◁ = 糸をつける
■ = (8)
□ = (9)

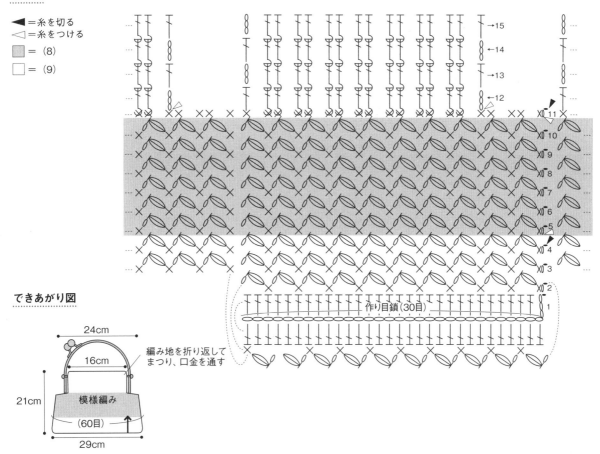

できあがり図
24cm / 16cm / 21cm / 29cm / (60目) / 模様編み
編み地を折り返してまつり、口金を通す

P.37 33. ワッフルショルダーバッグ

材料
● 糸
原毛に近いメリノウール (12) ピンク 120g (16) ベージュ 30g
● 口金
W24.5 × H13cm（植）BK-1059 #AG
● その他
革持ち手 100〜120cm（植）BS-1225A #25

用具
かぎ針10号

ゲージ
模様編み10cm角=8段14目

作り方
1. 糸は2本どりで鎖30目の作り目で編み始める。1段目は作り目の反対側も拾って合計64目にし、模様編みで途中で糸を替えながら輪に編む。
2. 19段目から本体が2股にわかれるよう、半分（32目）ずつ往復編みする。
3. 本体の残り半分に糸をつけ、同様に編む。
4. 編み終わりの糸を30cmほど残し、24〜26段分を内側に折り込んで、本体の裏側に端をまつりつけ、口金通しを作る。反対側も同様にする（P.63参照）。
5. 口金通しに口金を通す（P.63参照）。

配色表

段数	色番
19〜26	(12) の2本どり
15〜18	(12) と (16) の2本どり
12〜14	(12) の2本どり
8〜11	(12) と (16) の2本どり
1〜7	(12) の2本どり

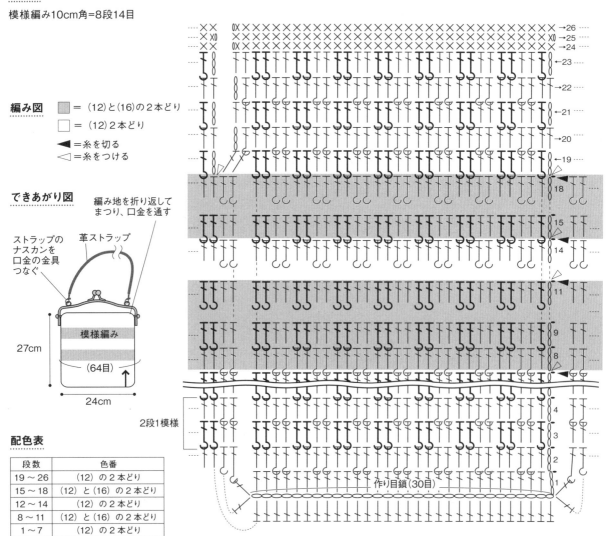

P.40 34. ファー使いのポシェット

材料

●糸
ビッグボールミスト (5) ブルーグレー 50g
フェイクファー (2) ライトブラウン 1玉
メリノスタイル合太 (106) ブルーグレー 40g
ダルマレース糸#80 (7) ソフトブルー 5g
●口金
W15.7 × H9.8cm (日) F1501
●その他
チェーン120cm (植) BK-1243 #AG

用具

ジャンボかぎ針8mm、かぎ針10号、7号

作り方

1. 8mm針、糸はフェイクファー1本どりで輪の作り目に長編みを12目編み入れ、長編みと模様編みで本体を編む。4段目から糸をビッグボールミストに替えて編む。
2. 6段目から本体が2股にわかれるよう、両脇で引き抜き編みをしながら一周続けて編む。
3. 7段目は10号針に替えてこま編みで編む。
4. 針を7号針、糸をメリノスタイルに替え、中袋を目数表通りに長編みで編む。編み終わりの糸は80cmほど残す。
5. 中袋を外袋の中に入れ、4で残した糸を使ってとじ針で口をまつる。
6. レース糸2本どりで本体を口金に縫いつける (P.54参照)。

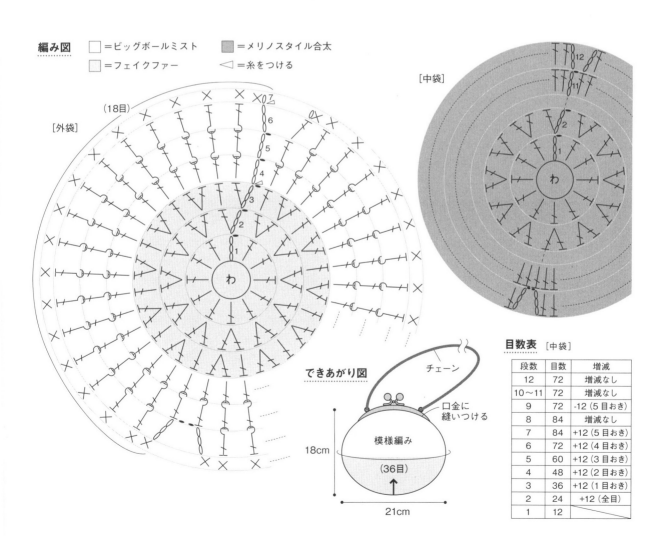

目数表 [中袋]

段数	目数	増減
12	72	増減なし
10~11	72	増減なし
9	72	-12 (5目おき)
8	84	増減なし
7	84	+12 (5目おき)
6	72	+12 (4目おき)
5	60	+12 (3目おき)
4	48	+12 (2目おき)
3	36	+12 (1目おき)
2	24	+12 (全目)
1	12	

P.41　35. アニマル柄のショルダーバッグ

材料

●糸
ビッグボールミスト (7) グレー 50g
ミンクタッチファー (2) こげ茶 1玉
空気をまぜて糸にしたウールアルパカ (4) オリーブ 40g
●口金
W16 × H15.5cm (植) BK-1071 AG #7
●その他
チェーン 120cm (植) BK-1242

用具

ジャンボかぎ針 8mm、かぎ針 8号

作り方

1. 8mm針、糸はビッグボールミスト1本どりで輪の作り目に長編みを12目編み入れ、長編みで本体を編む。4段目に6目、6段目に8目、8段目に7目、ランダムにファーを編み入れながら編む（ファーは本体の裏にくぐらせながら編み入れる）。
2. 9段目から8号針に替え、本体が2股にわかれるよう、半分（24目）ずつ往復編みする。
3. 本体の残り半分に糸をつけ、同様に編む。
4. 8号針、ウールアルパカ1本どりで、中袋を目数表通りに長編みで編み、編み終わりの糸を70cmほど残す。
5. 中袋を外袋の中に入れ、4で残した糸を使ってとじ針で端をまつる。
6. ウールアルパカ2本どりで口金通しを編む。本体と中袋を一度に引き抜きながら、鎖8目のループを片側24本、合計48本編みつける。
7. ループに口金を通す（P.63参照）。

編み図 □=ビッグボールミスト　■=ミンクタッチファー
[外袋]　◁=糸をつける

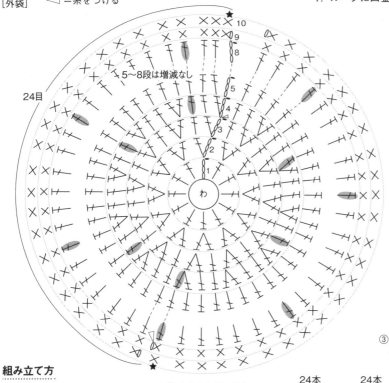

目数表

段数	目数	増減
[中袋]		
13	59	増減なし
12	59	-15 (3目おき)
11	74	増減なし
10	74	-22 (3目おき)
9	96	増減なし
8	96	+12 (6目おき)
7	84	+12 (5目おき)
6	72	+12 (4目おき)
5	60	+12 (3目おき)
4	48	+12 (2目おき)
3	36	+12 (1目おき)
2	24	+12 (全目)
1	12	

組み立て方

①本体の中に中袋を入れて、2枚の端を揃えて外周をまつりつけて合体させる

②★のところに糸をつけ、本体と中袋の端を一度に引き抜きながら鎖編み8目のループを片側につき24本編みつける
糸：ウールアルパカ 2本どり

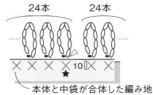

できあがり図

③口金を鎖編みのループに通す

チェーン
16cm
23cm
長編み
(48目)
28cm

P.42 36. 四角い底の化粧ポーチ

材料
●糸
メリノスタイル並太 （18）濃グレー
（4）ベージュ （15）グレー 各40g
原毛に近いメリノウール（18）濃オレンジ
40g
ラメのレース糸#30（7）濃グレー 20g
ダルマレース糸#80（5）ソフトブラウン
5g
●口金
W15×H8.5cm（植）BK-1559 #AG

用具
かぎ針8号

作り方
1. 底を編む。糸はメリノスタイル並太（18）2本とラメのレース糸1本の3本どりで輪の作り目にこま編み8目編みいれて輪に10段編む。
2. 側面を編む。糸をメリノスタイル並太（4）2本とラメのレース糸1本の3本どりに替えて、長編みを1段編み、続けて4段模様編みで編む。5段目から減目する。
3. 6段目から糸をメリノスタイル並太（15）2本とラメのレース糸1本の3本どりに替えて、3段編む。
4. 9段目から本体が2股にわかれるよう、半分（33目）ずつ往復編みする。
5. 本体の残り半分に糸をつけ、裏から往復編みで2段編む。
6. メリノウール1本どりで中袋を編み、編み終わりの糸を80cmほど残して、本体にまつりつける。（P.64参照）。
7. レース糸2本どりで本体を口金に縫いつける（P.54参照）。

目数表
[側面]

段数	目数	増減
8	66	-2
7	68	-4
6	72	-4
5	76	-4
2～4	80	増減なし
1	8	

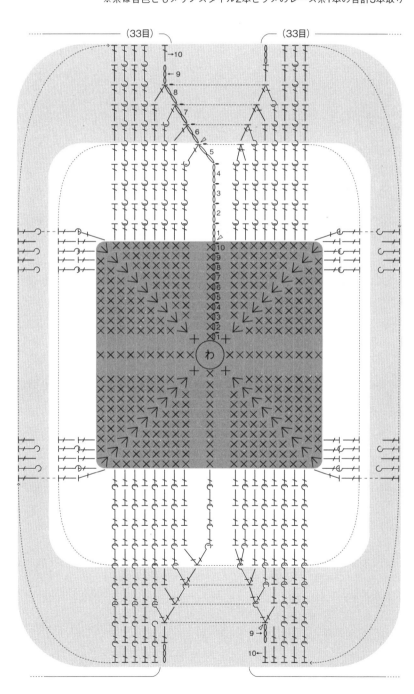

編み図 [正面]　■=メリノスタイル（18）　□=メリノスタイル（15）
□=メリノスタイル（4）　◁=糸をつける
※糸は各色ともメリノスタイル2本とラメのレース糸1本の合計3本取り

編み図 ［中袋］ ※糸は原毛に近いメリノウール1本どりで編む

5〜10段目まで増減なし（一周64目）で編み、11段目のみ32目ずつ2股にわけて編む

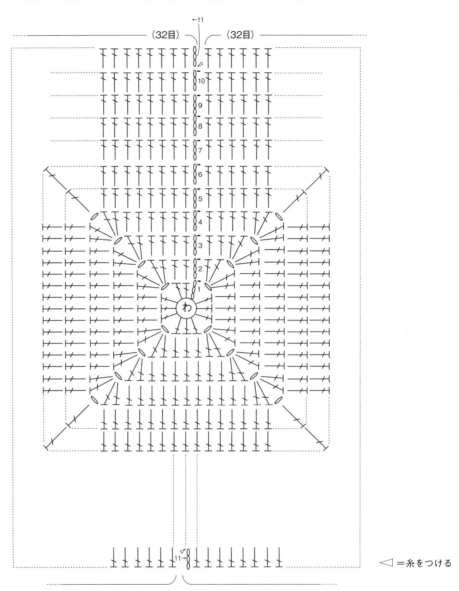

◁＝糸をつける

できあがり図

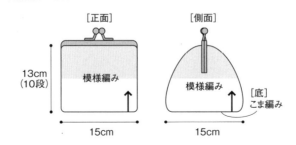

P.44 37. プラ口金のボーダーバッグ

材料
●糸
ビッグボールミスト（4）淡ピンク（3）水色 各50g
マーセライズドリネン（3）水色 15g
●口金
W18×H9.5cm（日）OCA26-IV
●その他
紙ひも、チェーン40cm（日）RWS1503-AG
幅3mm布用両面テープ、布用接着剤

用具
かぎ針10号、7号、マイナスドライバー

作り方
1. 10号針、ビッグボールミスト（3）1本どりで鎖20目の作り目で編み始める。1段目は作り目の反対側も拾って合計44目にし、2段目から模様編みで輪に編み、途中で糸を替えながら7段編む。
2. 8段目はこま編みと長編みで一周続けて編む。
3. 9段目から本体が2股にわかれるよう、半分ずつ減目しながら往復編みする。
4. 本体の残り半分に糸をつけ、同様に編む。
5. 11段目は7号針に替え、マーセライズドリネン2本取りで口金のサイズにカットした紙ひもを編みくるみながらこま編みで1段縁編みを編む。
6. 11段目の縁編みに両面テープを貼り、口金の溝に接着剤をつけ、形を整えてドライバーで本体を口金に押し込む（P.62参照）。

編み図　■=（3）　▨=マーセライズドリネン　□=（4）　◁=糸をつける

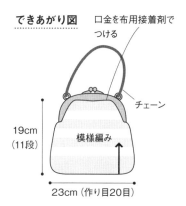

できあがり図
口金を布用接着剤でつける
チェーン
模様編み
19cm（11段）
23cm（作り目20目）

P.45 ## 38. 凹凸編みのブラックポーチ

材料
●糸
クラシックツイード (1) グレー 40g
マーセライズドリネン (11) オリーブ 10g
●口金
W14×H7.5cm (日) OCA15-B
●その他
紙ひも、幅3mm布用両面テープ、
布用接着剤

用具
かぎ針8号、7号、マイナスドライバー

作り方
1. 8号針、クラシックツイード1本どりで輪の作り目に長編み12目編み入れて長編みで本体を編む。
2. 5、6段目は編み地を裏返して、内側を見ながら模様編みで輪に編む。
3. 7段目から本体が2股にわかれるよう、半分ずつ減目しながら往復編みする。
4. 本体の残り半分に糸をつけ、同様に編む。
5. 10段目は針を7号針に替え、7～9段目を囲む3辺に表側からこま編みを編む。
6. 11段目は糸をマーセライズドリネン2本どりに替え、口金のサイズにカットした紙ひもを編みくるみながらこま編みを編む。反対側も糸をつけ同様に編む。
7. 11段目に両面テープを貼り、口金の溝に接着剤をつけ、形を整えてドライバーで本体を口金に押し込む (P.62参照)。

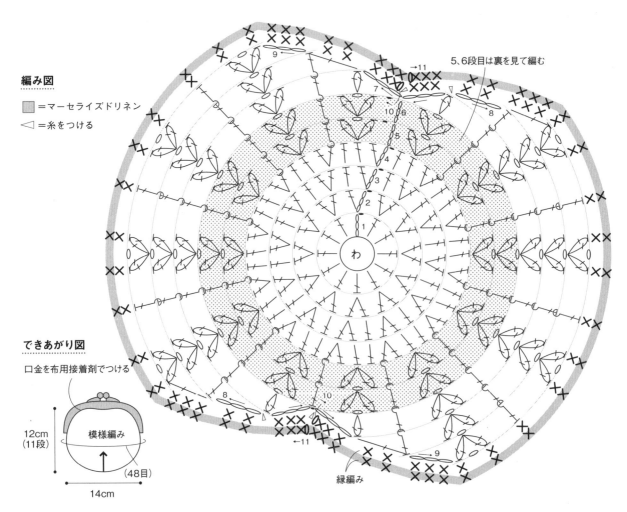

P.32 かなりちいさながまぐち4種

この頁では、代表して4種の編み方を紹介します。
目数や段数を目安にして、お好みの糸で自由にがまぐち作りをお楽しみください。

A:グリーン×グレーボーダー(左から1列目、上から1段目)　B:水色×赤ボーダー(左から3列目、上から2段目)
C:黄色リブ(右から1列目、上から3段目)　D:ブルー玉編み(左から2列目、上から1段目)

材料
●糸
A.原毛に近いメリノウール (15) グリーン (8) グレー 各5g
　ダルマレース糸#80 (7) ソフトブルー 5g
B.原毛に近いメリノウール (13) 赤 5g
　手つむぎ風タム糸 (16) ブルーグリーン 5g
　ダルマレース糸#80 (15) 赤 5g
C.原毛に近いメリノウール (6) マスタード 10g
　ダルマレース糸#80 (5) ソフトブラウン 5g
D.メリノスタイル並太 (8) ブルーグレー 10g
　ダルマレース糸#80 (7) ソフトブルー 5g
●口金
W4×H3.5cm (植) BK-372

用具
かぎ針7号

作り方
1. 7号針、1本どりでA、C、Dは輪の作り目、Bは鎖8目の作り目で編み始め、各編み図と配色の指定に沿って編む。
2. レース糸2本どりで口金に本体を縫いつける(P.54参照)。

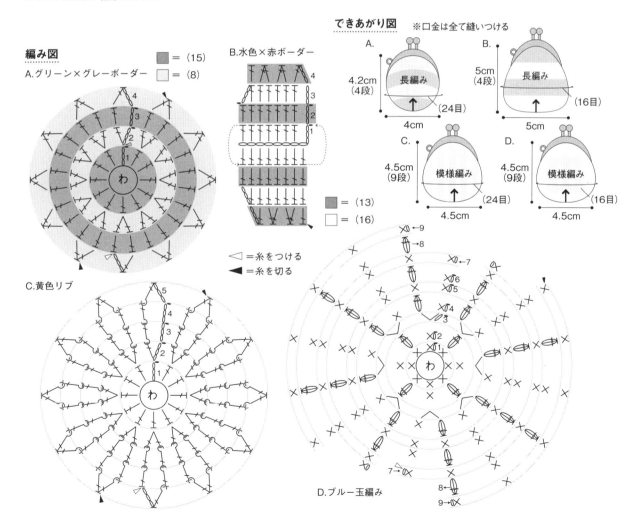

PROFILE

photo：能勢ノブユキ

能勢マユミ

ニット作家。素材の発色や質感を生かした、自由なニット作品を編む。教室やワークショップでは、こどもから大人まで誰にでも編めて使える作品が人気。
映像作家の能勢ノブユキ氏と共に運営するアトリエNOMAでは、様々なジャンルのクリエイターを紹介。自身の作品も展示する。
作品提供紙多数。著書本に『能勢マユミさんの手編みバッグ』がある。
http://www.eonet.ne.jp/~abeam

ギャラリー NOMA
〒666-0026
兵庫県川西市南花屋敷3-19-24
072-741-4114
http://nomanoma.jimdo.com/

STAFF

デザイン	橘川幹子
撮影	福井裕子
作り方	レシピア
編集	木村倫子

撮影協力

古道具 Let 'Em In ／room103
〒186-0001 東京都国立市北2-13-48-101・103
042-577-3452

AWABEES
〒151-0051 東京都渋谷区千駄ヶ谷 3-50-11
03-5786-1600

CARBOOTS
〒150-0034 東京都渋谷区代官山町14-5
03-3464-6868

UTUWA
〒151-0051 東京都渋谷区千駄ヶ谷 3-50-11
03-6447-0070

材料提供

糸

横田株式会社（DARUMA）
〒541-0058 大阪市中央区南久宝寺町2-5-14
06-6251-2183
http://www.daruma-ito.co.jp

口金

植村株式会社（INAZUMA）
〒602-8246 京都市上京区上長者町通黒門東入杉本町459
075-415-1001
http://www.inazuma.biz
http://www.inazuma.biz/index.html

日本鈕釦貿易株式会社
〒541-0058　大阪市中央区南久宝寺町1-9-7
06-6271-7087
http://www.nippon-chuko.co.jp
http://www.nippon-chuko.co.jp/shop

※糸及び口金の情報は、2016年11月現在のものです。

かぎ針で編む　口金を使ったバッグ、ポーチ、小物入れ

毛糸のがまぐち

NDC594

2016年11月20日　　発　行

著　者　能勢マユミ
発行者　小川 雄一
発行所　株式会社 誠文堂新光社
　　　　〒113-0033　東京都文京区本郷3-3-11
　　　　（編集）電話03-5805-7285
　　　　（販売）電話03-5800-5780
　　　　http://www.seibundo-shinkosha.net/

印刷・製本　大日本印刷 株式会社

©2016,Mayumi Nose.　　　　　　　　　Printed in Japan

検印省略
禁・無断転載
落丁・乱丁本はお取り替え致します。
本書に掲載された記事の著作権は著者に帰属します。
これらを無断で使用し、展示・販売・ワークショップ、および商品化を行うことを禁じます。

本書のコピー、スキャン、デジタル化等の無断複製は、著作権法上での例外を除き、禁じられています。本書を代行業者等の第三者に依頼してスキャンやデジタル化することは、たとえ個人や家庭内での利用であっても著作権法上認められません。

R〈日本複製権センター委託出版物〉
本書を無断で複写複製（コピー）することは、著作権法上の例外を除き、禁じられています。本書をコピーされる場合は、日本複製権センター（JRRC）の許諾を受けてください。
JRRC〈http://www.jrrc.or.jp/　 E-mail: jrrc_info@jrrc.or.jp　電話03-3401-2382〉

ISBN978-4-416-61693-2